顧客視点は
仕組みで生みだせる

お客様目線のつくりかた

販促コンサルタント
岡本達彦

ネクスト・カルチャー・メディア

はじめに……〝ここ〟にさえ気づけば、もっと売れるようになる！

「お客様目線」って、いったい何なのか？

●「お客様目線」と「顧客満足」の大きな違い

突然ですが「西松屋」さんという、全国展開する子供服のチェーン店をご存じでしょうか？　アパレル不振、少子化、コロナ不況という厳しい環境でも好調な売上を出している、超優良企業の1つです。

その成功要因はさまざまあると言われていますが、その1つに「駐車場」があります。

どういうことか？

普通、車で来るような店は交通量の多い大通りにあったほうが便利だと考えます。ところが西松屋さんは、わざと大通りから1本入ったところにお店をつくるのだそうです。どうしてだと思いますか？

子供服を扱っている西松屋さんのお客様にはどんな層が多いかといえば、やっぱり子供がいるママさんたちです。そのママさんたちは運転が得意ではない人が多い。

そう、大通りに面したところだと、ママさんたちが車を運転して入るのに、ものすごくストレスがかかるのです。スピードを出している車も多いし、中には子供が乗っている。そんな状況で、お店の駐車場に入りにくいとしたら、行くたびに「嫌だなぁ～」と感じるかもしれません。

そこで西松屋さんは、車を出し入れしやすいように、大通りから1本入った交通量の少ない通りに、できるだけお店を構える方針にしているというのです。結果、大勢のママさんたちに、気軽に車で行けると喜ばれています。

こんな西松屋さんのアイデアは決して難しいことではないし、画期的なことでもありません。実際、〝お客様の立場〟に立って考えてみれば、同じように感じることでしょう。

でも、これがなかなか売る側はできないのです。

「こうすれば売れる」「売れるにはこういうふうにやるべきだ」など、世の中にはさまざまな理論や手法があって、どうしてもシンプルに「お客様が喜びそうなこと」を考えることが、多くの企業、お店、営業で、できていないのです。

でも、なんかおかしいですよね。

そう。「売るための原則」とされるセオリーの中で、私たちは繰り返し、「お客様を喜ばせること」の大切さを説かれます。「お客様第一」とか「顧客満足」という言葉をいったい、いつから私たちは聞かされているのでしょうか。

そんな「顧客満足」は、「お客様目線になること」とは違うことなのか？

ハッキリ言ってしまえば、「違う」のです。

何がどう違うのでしょうか？

●だから私たちは、お客様を喜ばせることができなくなる

「お客様目線」と「顧客満足」は、何が違うのか？

私はこれまで販促コンサルタントとして、個人経営の小さなお店から大手上場企業まで、さまざまな規模や業種のコンサルティングに取り組み、おかげさまで数多くの成功を収めることができました。

その秘訣（ひけつ）こそ、どんな業界や規模であっても重要な「お客様目線」を基盤にしたコンサルティングを実践することだと、私は思っています。この方法を理解すれば、どんなお店や会社でも成功へ一歩近づくことができます。

というのも、「顧客満足」という言葉で私たちが要求されてきたのは、結局は、お客様を喜ばせるようなコミュニケーションをし、お客様を感動させるサービスを実行する、パフォーマンスの技術でした。つまりは、〝テクニック論〟ということです。

それに成功したところは、確かに成果を出してきました。

優れた営業担当者がお客様を対話で喜ばせたり、サプライズのようなサービスでお客様をビックリさせたり、社員が一丸となってお客様の望みを実現させたり……。テーマパーク、一流ホテル、量販店、人気の居酒屋さんなどなど、優れたサービスの数々を、あなたも雑誌や本で読んだり、自分の五感を通して体験してきたでしょう。

ただ、こうした「顧客満足」には問題もあります。

その第一は、「できる人にしかできない」ということです。

〝コミュニケーションで売る〟というのは、その最たるものです。

お客様を上手に喜ばせ、望んでいるニーズを探り出していく……。正直、それができる人は、ノウハウを学ぶ以前に、周りの人を気遣うパフォーマンスで人気者になっています。

要するにこれらは本当のところ、〝センス〟が大半なのです。普通の人が真似(まね)しようとしたって、簡単にできるわけがありません。

「お客様を感動させよう！」

そりゃあそうしたいのですが、なかなか簡単にはできない。それを人見知りな人にも強要してきたのが、今までの「顧客満足」というものでした。

さらに、もう1つの問題は、「お客様は結局、飽きてしまう」ということです。

たとえばお客様が喜ぶようなサービスを、サプライズで仕掛けてあげる。ちょっとしたプレゼントがあったりとか、料理にハートマークを描いてみたりとか。最初に見たお客様は、「なんてすごいお店なんだ！」と感動します。

でも、2回目からはどうか？

すぐにお客様にとって、「それが当然」になってしまうわけです。

最初のころの感動はもうお客様にない。「この前もやってくれましたね」なんて、すでにサービスに麻痺（まひ）してしまっているわけです。

むろん、その都度、その都度、お客様の期待値を超えるサービスを提供していけるような、優れた企業やお店も世には存在するのでしょう。

でも、そんなことは一部の限られたところにしかできない。だから「顧客満足」で評判になった店も、時代とともに多くは忘れ去られていき、現在に至っているのです。

しかし、私が提唱する「お客様目線」を実行するのは、これまでの「顧客満足」とは根本的に違います。

それは、お客様に聞いて、それをやってあげるだけのこと。パフォーマンスやテクニックでなく、単に**お客様に質問し、その答えをどう普段の仕事にどう反映させていくかの「仕組み」**なのです。

意外とその「仕組み」は、簡単につくり上げることができます。

私がオススメしてきたのは『「A4」1枚アンケート』ですが、ほかにもお客様にインタビューするような流れをつくったり、スマホなどを使ったり、今はさまざまな方法が考えられます。その逐一は、本書で詳細に述べていきます。

本書で述べていく「お客様目線」は、難しいことでもなんでもない。ただ導入すれば、すぐ実行できる簡単なことばかりです。私がこの本を通し、あなたの可能性を最大限に引き出すサポートをしていきます。

あなたが経営者でも、マネジャーでも、一営業担当者だとしても、本書は必ず、あなたを、お客様に喜ばれながら商品やサービスを売れる人に変えることでしょう。

「お客様目線」のつくりかた —— 目次

第2章 間違えない「お客様目線」の考え方

第3章 「お客様目線」を知るための方法

第4章

コンセプトに合うお客様を決める

第5章

「お客様目線」対策を考える

第6章

「お客様目線」を習慣化する

第1章

なぜ、「お客様目線」が必要なのか？

お金は「お客様から」しか入ってこない

今、世の中では、「好きなことをやってお金を稼ごう」という人が増えています。価値観の多様性やＳＮＳの普及、さらにはコロナ禍でのリモートワークを通じて、「自由に働けたら」という希望を持つ人はますます増えているように思います。

会社も人手不足、労働者優位の状況に合わせ、「うちでは好きなことができます」とうたうところが増えてきました。

だから、「毎日会社に行かなくてもいい」ということになったり、地方で働くこともできたりと、好きなように仕事の仕方を選ぶこともできるようになった……。

でも、その一方で、「お客様」のことが随分となおざりにされるようになってはいないか？　私にはそんなふうに思えるのです。

モノを売っている会社にいながら、なんらかのサービスを提供している会社にいながら、お客様と話す機会はどんどん減っているのではないか……。

そう思っている営業の人も、意外と多くいるのではないでしょうか？

忘れていけないのは、どんな仕事をするにしろ、「**お金はお客様からしか入ってこない**」ということです。

たとえば、ユーチューバーという仕事があります。それはネット時代が生んだ新しい仕事で、若い子からすれば、好きなことをやってお金を稼いでいるように見えるかもしれません。

一度ネットに上げた動画がたまたま大人気になったからといって、ユーチューバーになれたわけではありません。再生動画数で入るお金で生計を立てようとするのであれば、少なくとも最初の動画を見てくれた人が次の動画も見てくれるように、視聴者のことを研究して、視聴者が喜ぶ動画を提供し続けなければなりません。

しかも世の中は変化するし、自分も歳をとっていくのです。

若い人向けの動画をつくり続けるのでしたら、若い人のニーズを常に追いかけなければならないし、逆に最初の視聴者をずっと手放さないようにと考えるなら、視聴者の成長に合わせた動画を考えなければなりません。

「視聴者＝お客様」とするならば、自由に働きたいユーチューバーほど、じつは常に「お客様目線」を意識しなければならないのです。それができないユーチューバーは、やはり時間とともに淘汰（とうた）されていってしまうでしょう。

つまり、「お客様のいない仕事」なんてどこにもないのです。

だから、**「お客様目線のいらない仕事」なんてない**。発明家だって世の中のニーズを知らなければ誰も発明品に目をくれないし、芸術家だって音楽家だって、それを喜ぶ人を前提に仕事をしないのであれば自己満足で、仕事ではなく趣味にすぎないのです。

仕事をするうえで、まず前提となる「お客様」のことを、私たちは意識しなければなりません。これは非常に大事なことです。

社員が一生懸命「お客様の言葉」に耳を傾けていない

私が多くの会社にコンサルティングで出向かせていただき、大きく実感するのは、皆さん、「お客様の声に耳を傾けること」の重要性を、わかっていらっしゃらないことです。

冒頭で述べた西松屋さんの例でもわかるとおり、お客様の声に耳を傾けることは、モノが売れるか売れないか以前に、ときには「お客様にお店へ出向いてもらう」ために重要な要素なのです。

なのに、ほとんどの方は、お客様の声に耳を傾けようとしていないのが実状です。

しかし間違ってはいけないのは、多くの方は「商品を売るためにできること」であれば、なんでもやろうという意欲を持っている方ばかりでしょう。

でも、「売れる方法を知るために、セミナーを受けよう」と言えばＯＫなのに、「どうして売れたのか、お客様を呼んで話を聞こう」と言えば、「えっ？」と疑問の声をあげるのが通常です。

あるいは「広告をつくろう」という話になったとき、すぐに皆さんが思いつかれるのは、「広告会社に仕事を頼もう」ということ。「どんな広告をつくるべきか、まずはお客様の意見を聞いてみよう」などという話になることは、めったにありません。

要するに、多くの人がお客様に聞くことの重要性をまったくわかっていないのです。それでは「売れない会社」が「売れる会社」になることはできません。「お客様目線で考えること」は、社員一丸で行なわないといけないのです。

お客様に直接、話を聞かないとわからないことは仕事の中にいくらでもあります。

たとえば、飲食店などの「喫煙ルーム」の話があります。

飲食店での喫煙が制限された際、お店を全面禁煙にすると売上が減ってしまうと考えたお店の中には、小さな喫煙ルームを設けるところがありました。そうすれば、

「喫煙ルーム」で失敗したお店の話

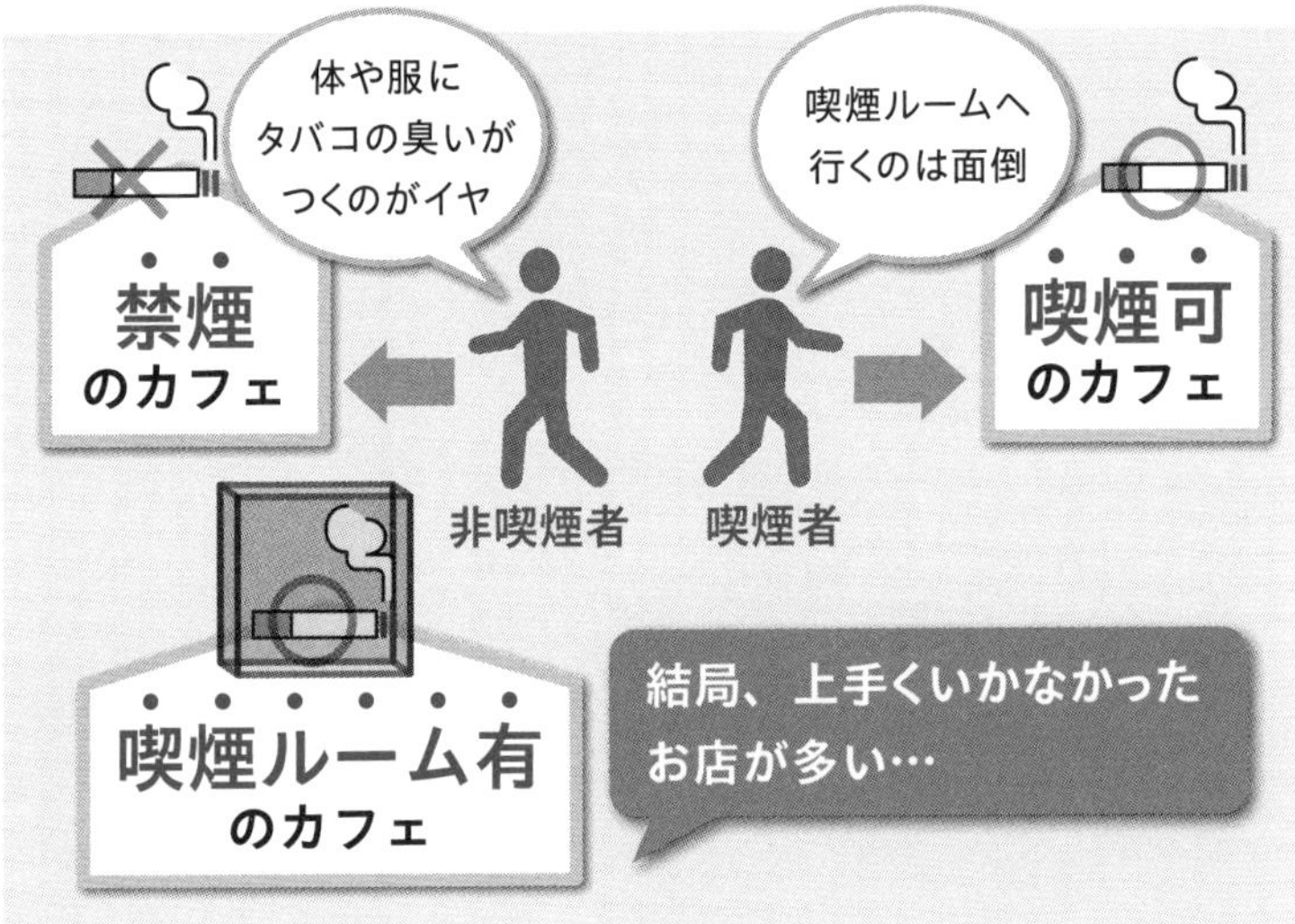

喫煙者にとっても、非喫煙者にとっても、満足できる時間を提供できるのではないか……？

ところが、非喫煙者に聞けば、喫煙ルームから帰ってきた人は、体や服に臭いがついていて気分が悪くなるから、選ぶなら完全禁煙のお店を選ぶ。

喫煙者にとってみれば、わざわざ吸いたいときに喫煙ルームに行くのが面倒だし、コーヒーやお酒などを飲みながらタバコを吸うことができない。だから非喫煙者と一緒でなければ、喫煙席のあるお店を選ぶ。

結局、禁煙にして喫煙ルームを設けた飲食店は、思ったように上手くいかなかったところが多いと聞きます。

このときも推定だけで物事を判断せず、事前に、何度もお店に来てくれているお客様の意見を聞けば、どうするのが正解だったのかの答えは明白だったはずです。結果、簡単な手間を省いたために、多くのお客様を失ってしまったのです。

多くの人が「お客様目線」になれない、7つの理由

皆が「お客様目線になること」の重要性を理解しなければ、なかなかお客様の意見をダイレクトに反映させることは難しいと述べました。

では、どうしてそこまで「お客様の声に耳を傾けること」が、軽んじられるのか？　それにはいくつか理由があります。ここでまとめてみましょう。

多くの人が「お客様目線」になれない、7つの理由

1. 売上至上主義で、すべてのお客様を満足させようとしている
2. お客様と直接、話す機会が減っている
3. 売り手に「思考停止」が起きている
4. 自分自身がお客様の立場になった経験がない
5. 「購入後のデータ」しか見ていない
6. 「お客様目線」でなく、「プロ目線」になってしまう
7. 「お客様」の定義が明確でない

（1）売上至上主義で、すべてのお客様を満足させようとしている

先の喫煙ルームの話がわかりやすいですが、すべてのお客様を満足させようとすることで、結局、誰も満足しないサービスになってしまうことはよくあります。とくに現代は、お客様の好みも複雑化、細分化しています。だからどこかで自分たちがサービスを提供したいお客様を絞らない限り、誰からも魅力を感じてもらえなくなることはよくあるのです。

むろん、「お客様を絞る」ということは、一定のお客様を切り捨てることになりますから、経営者や店主からすれば、勇気ある選択となることも多いでしょう。でも、お客様の意見を聞けば、それが何度も来てくれるお客様たちの、大きな希望であることにもすぐに気づくのです。むしろその意見こそ、自分たちが気づいていなかった、自分たちの本当の魅力であることも少なくありません。

たとえば関東にあるケーキ店で開催していた、ケーキ教室の話です。そこでは、初心者コース、中級コース、上級コースという形で、さまざまなコースをつくって

教室を展開していました。その中でも「趣味でケーキがつくれるようになりたい人が多いだろうな」ということで、初心者コースを主力にしていたのです。

でも、改めてお客様に「教室に参加するまでどんなことをお考えでしたか？」と聞いてみると、じつは「このお店のように、ケーキ店をつくっていつか独立したい」と願っている人が非常に多かったのです。中途半端に「趣味でケーキをつくりたい」という人は、生徒としては思った以上に定着していませんでした。

そこで思い切って、初心者コースを少なくする一方で、「プロとして始めたい」という人のために、技術を教えるだけではなく、開店に向けた準備や運営方法、あるいはマインドを学べる、本格的な講座を開催することにしたのです。カリキュラムも増やし、参加費も5倍くらいの高額にしました。

しかし5倍の値段にもかかわらず、申し込みが殺到し、すぐに満席に。教室の開催日は減っているのに、トータルの売上はなんと1・5倍になったのです。すべてのお客様を相手にするのでなく、むしろ「絞る」というのは、お客様側の要望であることも多いのです。

「お客様を絞るべき」というのは、商品やサービスのみの話ではありません。お客様を呼び込むための、広告媒体についても言えることです。

その昔は、テレビ広告や新聞広告で、ある程度の人を押さえることができました。でも、今はテレビを見ない若い人は多いし、ＳＮＳばかりやっている人もいれば、ユーチューブばかり見ている人もいるわけです。

ですからこれからの時代は、ますます、すべてのお客様を満足させることは難しくなります。そこで「自分たちが対象にするお客様はどんな人たちなのか、自分たちが対象にするお客様はどんな媒体を見ているか」などを、今まで以上に正確に把握する必要が出てきているのです。

(2) お客様と直接、話す機会が減っている

とくに近年になって、「お客様目線になれる人」は、営業や販売の場から、年々減り続けているように私は感じています。その理由には、モノを売る人間が、お客様に直接対面し、話をする場が減っていることが大きいでしょう。

そう言うと、すぐに思い浮かぶのは、新型コロナウイルスの影響でしょう。一時は、企業がお客様に会うことを避け、配達ではお客様の顔を見ないように、コミュニケーションが必要な場合はリモートで、飲食店なども商品を渡したらお客様にすぐに帰ってもらうテイクアウトで……と、極力、お客様に会わない売り方が推奨されました。

本書執筆時でも、まだコロナの影響は残っています。ただ、これからお客様と話す機会が世の中でどんどん増えていくかといえば、以前のようには戻らない可能性も高いように感じているのです。

というのも、お客様との対面を減らす流れは、コロナ以前からすでに起こっていました。それは何よりもＩＴ化の影響が大きいでしょう。

すでに世の中では、わざわざお店へ買い物に行くよりは、「ネットで注文したほうがラクだ」と考える層が増えています。そんな需要に応え、アマゾンのような通販事業や、あるいはウーバーイーツのようなデリバリー事業は、どんどん売上を伸ばしています。

一方でリアルな店舗を見れば、やはりファミリーレストランなどもタッチパネルなどでの注文を取り入れ、テーブルに届けるのもロボットが行ない、お客様とコミュニケーションをする機会を減らしています。おかげで店員さんは質問に答えることもしなくていいし、ときにはお客様の顔を見ることなく仕事ができるようになっているのですが、当然、お客様の気持ちを推察することなど論外のようになりつつあるのです。

たとえばお客様の疑問に応えたり、クレームのような不満を聞くことは、企業にとって、お客様の気持ちに寄り添う、いい機会でした。

ところがそれも現在はデジタル化が進み、人数を減らして、つながりにくくなったコールセンターよりは、チャットやメールのフォーマットで回答する流れに移行しつつあります。コロナで人が人に会うことを避けた現象は、それを推進する都合のいい理由になりましたし、今後、ＡＩ（人工知能）が加速すればますます、お客様とのコミュニケーションをデジタルに任せる時代になってくるかもしれません。

よって営業の現場にはますます、お客様のことがわからない人が増えていきます。それを衰退と見るか、チャンスと見るかは、考え方次第でしょう。

(3) 売り手に「思考停止」が起きている

とくに効率化の流れの中で、お客様の都合よりも、お店側の都合を優先しているケースが、いまだに見られることがあります。

たとえば、細かなことをいえば「爪楊枝（つまようじ）」です。

あなたも体験したことがあるのではないでしょうか？　ケースの中に爪楊枝がキチキチに入っていて、1本出そうとしても、なかなか出てこない。

それで強引に引き抜こうとすると、全部の爪楊枝が引っ張られて出てきてしまうわけです。その昔、私が一緒に仕事をしていた方は、それに出くわすたびに、そのお店に対して「お客様のことを考えていない」と指導していました。

お店側はどうしてそんなことをするかといえば、そもそもは爪楊枝を何度も入れ替える手間が省けるからでした。ただ単に「自分たちの補充する回数を減らしたい」という、自己都合の勝手なルールでやっているだけのことです。

ただ、補充している店員さんは、おそらくそんなことなど理解していないでしょう。「そうしろ」と言われているから、前例を踏襲してやっているだけ。つまり

「お客様がどう感じるか」を意識せず、思考停止でルーチンを繰り返しているわけです。

こういう思考停止のルーチンは、意外とさまざまな仕事の中にあります。

たとえばブランドショップなどに入ると、商品を選ぶ前に、「試着できますよ」などと言われたりします。「なんだか催促されるみたいで嫌だな」と、人によっては気分を害するかもしれません。

これもやはり、「お店に入った人にはすぐ、声がけしなさい」と言われるから、そのとおりにやっているだけ。タイミングも何も無視して、ただ「言われたとおり」にしかやっていないから、お客様が不満に思うサービスが続けられるのです。

(4) 自分自身がお客様の立場になった経験がない

前項の「思考停止」と似ていますが、そもそも自分が売っている商品に対して自分が「購入したい」と考えたこともなく、関心も持っていないのであれば、「お客様目線」になれるわけもありません。

商品のことを聞かれても、わからない。お客様が2つの商品で選択を迷ったとき、店員さんに意見を聞けば、「どちらもオススメですよ」といった投げやりな答えが返ってくる……。

それでは「このお店で買おう」という購買意欲も失ってしまうでしょう。

そもそも関心がないのであれば、その仕事をやらないほうがいいのでは？　というのは正論ですが、世の中は必ずしも望みどおりの仕事に就けるわけではありません。ミスマッチはどこでも起こっています。

ならば会社のマネジメントとして、採用した以上は、社員に自社の事業や商品に興味や理解を持ってもらう方策を考えていくべきでしょう。

たとえば私は、35歳のときに脳幹出血を起こして緊急入院したことがあります。それまでは健康のことなど気にもしませんでしたが、それ以来、健康に対する情報などに大きな関心を持つようになりました。

あるいは義理の父親が亡くなったとき、空き家になった家を売らなければならないということで、不動産にも深く興味を持つようになりました。

いずれも、それまでは関心すらなかったこと。そんなふうに人の関心は変わっていくのです。たとえ購買者が自分と遠い世界の人間だとしても、「お客様目線になることができない」ということはありません。

（5）「購入後のデータ」しか見ていない

ある海外スーパーの有名な話ですが、お客様の購入データから「紙オムツを買った女性は、缶ビールも一緒に買っている」という事実が読み取れたそうです。

それに対し、「紙オムツを買う女性が缶ビールを買うには何か因果関係があるのでは？」と考えてみたのですが、実際のところはわかりません。

そこでお店のお客様に聞いてみたら、なんてことはない。ただ単に「普段は重くて買えないものを、週末に夫と車で買いに来て、まとめ買いしているだけ」だったそうです。

それなのに、「最近の小さなお子さんのいる家庭は、意外とビールを飲むのではないか？」といった予測を立て、「小さなお子さんのいる若い女性向けのビールを開発しよう」なんていうことをすると、大失敗するでしょう。

お客様に質問してわかったことは、「紙オムツの箱は大きいから、たいていは週末に車で来たときに買っていく。ついでにビールも重いから、そのときにまとめて買っていく」ということなのです。

ならば、ペットボトルの水とか、大きな洗剤とか、そういう〝車でまとめ買いしたい商品〟を近くに置いておけば、売れる可能性があります。また、まとめ買いしやすいように大きなカートを用意するなど、駐車場に商品を運びやすい工夫をすれば、お客様から喜ばれる結果になるでしょう。

いずれにしろ、「何が売れた」とか「何が売れなかった」というデータからだけでは、お客様の心理を読み取ることはできないのです。「なぜ購入したのか？」を知って初めて、「お客様目線」は明らかになります。

(6)「お客様目線」でなく、「プロ目線」になってしまう

プロ目線というと、仕事をしている側からすれば、「いいこと」のように思える

かもしれません。

でも、それは大学の先生が、素人にはわからない専門用語で話すのと同じ。自分は専門家だからわかっていても、相手はまったくわからないことがよくあるのです。するとお客様からすれば、ついていけなくなってしまいます。

この例でよくあるのが、ＩＴの業界でしょう。マニュアルには「詳細はホームページで説明しています」とよくありますが、ホームページを見ても難解で、意味がわかりません。結局、どこか、わかりやすく解説しているサイトを探すことになってしまいます。

政府が発行したマイナンバーのポイント登録でも、同じことが起こっていました。商品を売りたい、あるいは普及させたいのであれば、「相手は何もわからないのだ」という視点に立ち、相手がわかる言葉を使って、わかりやすい説明を心がけなければいけません。まさに〝子供でもわかる〟ように。

このプロ目線は、決してＩＴのような難しいレベルの話でなく、ごく普通の日常でも起こっています。

たとえば、テレビではよくスポーツ中継が行なわれています。スポーツによって競技時間がそれぞれ違うのに、試合時間は全部で何分で、残り何分なのか表示されてない中継をよく見ます。

「知っていることが前提」にされると、新規参入者は非常に困ってしまうわけです。自分たちの「当たり前」は、立場が違えばまったく「当たり前」ではありません。当たり前ではない人にわかるように説明できないのであれば、そもそも営業がいる意味もありません。

営業は、自社商品のプロでなく、お客様相手のプロであるべきなのです。そこにもっと気を配るべきでしょう。

(7)「お客様」の定義が明確でない

自分たちがどんなお客様を相手にしているのか、この定義が曖昧だと、喜ばれてもいないサービスを空回りしながら続けることになってしまいます。

たとえばスーパーで言うなら、「紀ノ国屋」さんと「西友」さんを比べてみてほしいのです。西友さんは安さを売りにしているところなので、セルフレジが多く、自分で買ったものを詰めるようになっています。逆に紀ノ国屋さんは、品質の良さを売りにしているところなので、レジが2人体制で、1つひとつの商品を丁寧に梱包してくれるわけです。

これに対し、西友さんが気をきかせ、お客様の買ったものをレジで丁寧に梱包しはじめ、「丁寧な対応をするために値段を高くします」などということになったら、大勢の人が「それを西友には求めていない」と文句を言うでしょう。

外国人向けのサービスを日本人に向けて提供してもあまり喜ばれないように、私たちはまず、どんな相手に対して「お客様目線」になろうとしているのかを、深く考えねばならないのです。

お客様のことを「想像する」必要なんてない

至極当然にすら思える「お客様目線」を、どうして売る側は実行できないのか？以上、７つの観点から考えてみました。

これらを意識することは大切だし、仕事への慣れや効率を重んじる観点から、いつのまにかなおざりにしていることがないよう、注意していく必要があります。

ただ究極的なところ、「お客様が何を考えているか」なんて、いくら考えたってわからない問題であることを、理解しなければいけないのも事実なのです。

それは当然でしょう。

売り手と買い手はまったく別の人間だし、最初から目的は相反しているのです。

そのうえで多くの場合、私たちはお客様の背景を知らず、どんな環境で生活しているかも知りません。

年齢、性別、かかわっている人間や、それまで接してきたもの。あらゆる事柄が違う人間の気持ちを、正確に理解しようとしたって、できるわけがないのです。

それでも景気がよく、新しいものや面白そうなものがどんどん売れる、購買意欲が高い時代はよかったのです。メディアで取り上げられたり、誰かによってバズったり、マーケティングの仕掛けがうまく当たれば、そこからヒットが生まれる可能性もありました。

ところが現代は、お客様がそもそも「何かを買いたい」とはあまり思っていません。もはや「お客様目線」とミスマッチしている状況では、望む相手から気にも留めてもらえないようなことが現実的に起こっているわけです。

ではどうするかといえば、「お客様のことをあれこれ分析するのではなく、その気持ちをお客様に聞いてみましょう」ということなのです。

お客様の話を聞き、それを素直に反映させるような「仕組み」をつくる。そうすれば、あれこれ考えなくても、お客様の願いを実現することができます。

たとえば、京都のある喫茶店の話です。ランチタイムになると、それなりの人数が集まっていました。店主さんはそれを、自分たちのお店が提供している、名物のタマゴサンドの人気のおかげだろうと思っていたのです。

この名物になっているタマゴサンドを、もっと売り出すには、どうしたらいいか？　そうだ広告を打とう！　その前に、タマゴサンドの魅力について、お客様のアンケートをとってみようか……。

そうしてお客様にアンケートをとったのですが、意外なことがわかりました。お昼に来ているお客様は、タマゴサンドが一番の目当てで来ているわけではない。メニューに大きくあるからそれを注文しているだけで、わざわざ来ている理由は、圧倒的に「この店の雰囲気がよくて落ち着く」とか、「長居しやすい」という理由だったのです。

そこで方針転換し、〝安らぐ空間〟というお店の雰囲気を前面に出した広告を打つことにしました。結果、お店に来るお客様は、それまでの3倍にまで増加したといいます。

ですから「お客様目線」ということに関して、私たちは心理学者ではないので、想像する必要もないのです。

ただ実直にお客様の話を聞いて、それを実現させようと努力するだけ。だから、大成功のためには才能なんていらないし、誰にだってその気になればできることなのです。

まずは「お客様の気持ちを予想しなければならない」という固定観念を、頭から取り除いてしまいましょう。

第2章

間違えない「お客様目線」の考え方

「お客様」とは、いったい何か？

第1章の「お客様目線になれない7つの理由」の最後に、「『お客様』の定義が明確でない」というものがありました。

では、明確にするために何をしたらいいか？　本書で提唱したいのは、あらゆるビジネスにおける「お客様」を、次のように定義することです。

定義　**「お客様＝自分たちが無理なくできること（本当の強み）に、喜んでお金を払ってくれる人」**

単に「お金を払ってくれる人」ではなく、自分たちが無理なくできることに対して、お金を払ってくれる。この「無理なくできること」に、自分たちが提供する商品やサービスが該当するわけです。

あえてそう定義しているのは、会社やお店、あるいは1人の営業が、ときには「無理してできること」を要求してきたのが、これまでの顧客満足だったからです。それでは、〝本当の強み〟ではないため、遅かれ早かれ、ビジネスはもたなくなってしまいます。

なんらかのサービスを提供するにせよ、商品を売っていくにせよ、これからモノを売る人はますます要求の厳しいお客様を相手にする一方で、ますますお客様に対して、親密かつ長く継続する関係を築いていかねばならないのです。そうではないと、お客様がお客様を連れてきてくれるような好循環は起こってきません。

だからお客様は、「自分たちが無理なくできること（本当の強み）に、喜んでお金を払ってくれる人」でなければならない。

それをWin-Winの理想モデルとすれば、売り手と買い手の関係は49ページ図の4パターンに集約することができます。

「お客様」と「売り手」の関係、4つのモデル

「お客様」と「売り手」の関係をそれぞれ説明しましょう。

(1) お客様が喜ぶ、自分たちも無理がない 【Win-Win：理想モデル】

つまり、これが理想系ということです。自分たちは無理をしていないから、スタッフも働きやすいし、経営者も「さらに会社を大きくしたい」と思えます。

それに加え、働き手は楽しみながら好きなことをしているわけですから、お客様も気持ちよくお金を出せるし、クレームが起こることも少ない。よって利益も出やすく、スタッフも辞めないので、会社やお店が繁栄することになるわけです。その事例は、あとで紹介しましょう。

「お客様」と「売り手」の関係、4つのモデル

（2）お客様が喜ぶ、自分たちは喜ばない 【Win-Lose：奴隷モデル】

この形で典型なのが、低価格路線で失敗するケースでしょう。周りのお店に勝つため、儲けがギリギリになるくらいまで価格を下げて販売。その結果、いくら働いても利益が上がらず、だんだんと自滅していくようなケースです。

物価上昇の時代に呼応して、現在は低価格を売りにするお店も増えています。しかしそのようなお店は、利益を出すために、売れ残った不良在庫をかき集めたり、通販ショップの返品の品を引き取ったり、普通の商売とは違うやり方をしています。

ですから、ただ単に価格を安くするような形でやっていけば、どこかで破綻してしまいます。安く売るために労働者を低賃金で働かせるような会社も、この働き手市場で段々と淘汰されていくようになりました。

（3）お客様が喜ばない、自分たちは喜ぶ 【Lose-Win：詐欺モデル】

悪徳訪問業者のように、お客様の要望に応えていない商品を高額で売りつけて、利益を確保したら自分たちは逃げていく……。当然ながら世の中にあってはならない「詐欺モデル」の商売ですが、効果が認められない健康食品や、怪しい投機商品など、現在もこの種のビジネスはたびたび問題を起こし、ニュースなどでも話題になっています。

むろん逮捕者が出るような悪質販売は論外ですが、私がマーケティングの仕事を始めた時代は、お客様の感情を煽(あお)ったり脅かしたりするような手法がもてはやされた時代でもありました。

たとえば英語教材を学生に売る際に、「今、学んでおかないと、数年後には就職すらできなくなってしまいますよ」と煽ったり。あるいはリフォームの会社が、「今、屋根を修理しないと家が崩壊してしまいますよ」と脅かしたり……。

のちにこの種のやり方は規制もされるようになりましたが、実際に売上を稼いだ業者がいたことも事実だったのです。

ただ私に関していえば、そうした煽ったり脅かしたりして売上を上げるマーケティング手法は好きではなかったので、アンケートを使ってお客様の声をベースにマーケティングするやり方を体系化しました。

(4) お客様が喜ばない、自分たちも喜ばない [Lose-Lose：商売にならない]

「お客様目線」を完全に読み違え、見当違いの商品やサービスを行なってしまったケース。いずれにしろビジネスとしては失敗ですから、早めに方針転換をしないと、損失はどんどん広がっていきます。

近年でこうした失敗に、あるコンビニがつくり出した食品のプライベートブランドがありました。それは無地にタイトルだけのシンプルなパッケージのシリーズだったのですが、「NATTO(納豆)」「ABURA-AGE(油揚げ)」「MENTSUYU(めんつゆ)」などとローマ字表記された食品は、そもそも何の商品かを認識されず、「わかりにくい」として大批判を浴びてしまいます。

結果、そのコンビニは530点におよぶ商品のパッケージを、すべて画像入りのわかりやすいものに切り替えていくことにしました。損害を恐れず、早めに大がかりな修正を行なったことで、結果的にはお客様の要望に応えたわけです。

自分たちの強みをどのように見つけるか？

そこでWin-Winの理想モデルに話を戻しましょう。

お客様は、「自分たちが無理なくできることに、喜んでお金を払ってくれる人」に設定する。そこで売る側は、どのように「無理なくできること＝自分の強み」を見つけていけばいいでしょうか？

それはまさしく、〝自分たちの本当の強み〟を見つけるプロセスでもあります。

わかりやすい事例を1つ、紹介しましょう。静岡県のパン屋さんの話です。

このパン屋さんは漁港のある町にあり、本来はフランスパンなどのハード系のパンを得意としていたのですが、年配のお客様が多いということでサンドウィッチなどのソフト系のパンまで、最初はさまざまなパンを売っていました。

しかし、思ったような売上がなかなか上がらない。そこでイートインなど、さまざまな手を打ってみたのですが、それでも思うような売上は上がりません。

この先どうすればいいのか悩んでいたときにふと、「自分が無理なくできることは何なのか？」と考えたのです。そこで閃（ひらめ）いたのが、フランスパンなどのハード系パンに特化することでした。

どのみちコンビニに行けば、普通のやわらかいパンはいくらでも売っています。ならば自分が得意なパンを、焼き立てで提供したほうがいいのではないか？

そこでフランスパンなどのハード系パンの専門店として特化した結果、強みがより伝わりやすくなり、売上を大きく伸ばすことができたのです。

さらに、このパン屋さんは考えます。「自分が無理なくできること」で、もっと皆が買いたくなるような、特別なメニューはつくれないだろうか、と。

そこで閃いたのは、祖父が同じ街で漁師をやっていることでした。祖父が獲った魚や、そこの漁港の魚を提供してもらって、フランスパンでサンドイッチをつくれないか、と考えたのです。

朝イチで港に行き、すぐに調理してお店に出したら、新鮮で美味しいものを販売できます。幸い祖父も喜んで協力してくれますし、魚の仕入れに問題はない。同じことを大手チェーン店でやろうとしたって、できません。

結果、この地元の魚を使ったフランスパンのフィッシュサンドは好評で、朝早くから仕事に出かける人が朝食やランチに購入してくれています。地元の高齢の農家の方などにも大好評でした。

自分たちの強みは、「いつもの当たり前」の中にある

紹介したパン屋さんの場合は、「祖父がやっている漁業」の中に自分たちの強みを見つけた事例です。

このように「無理なくできること」は、「普段やっていること」や「ごく当たり

前に接している日常の関係」の中にあることが多くあります。したがって自分の強みも、当たり前のように毎日体験していることだから、意外とそれが強みであることに自分で気づかないことが多いのです。

第1章で紹介した、タマゴサンドを出していた喫茶店などは、その典型でしょう。「落ち着いた雰囲気で、居心地がいい場所」は、お店の人にすれば、毎日そこで仕事をしている場所です。だから自分たちで、それが強みになっていることに気づかない。当たり前だからこそ、その価値に私たちは気づかないのです。

あまりに当たり前なので、その価値に気づかないこと。日本にはそんな、「日本人の知らない日本のいいところ」がたくさんある、ということはよく聞きます。たとえば「電車が時間どおりに来る」とか、「自動販売機がある」とか、「タクシーのドアが自動で開く」とか、「公衆トイレが清潔」とか。

いずれも外国ではまったく「当たり前ではないこと」です。電車などは1時間くらい、平気で遅れる国もありますし、自動販売機などを設置でもすれば、国によってはあっという間に破壊されて中身を盗まれることになるでしょう。

自分たちの強みは何？

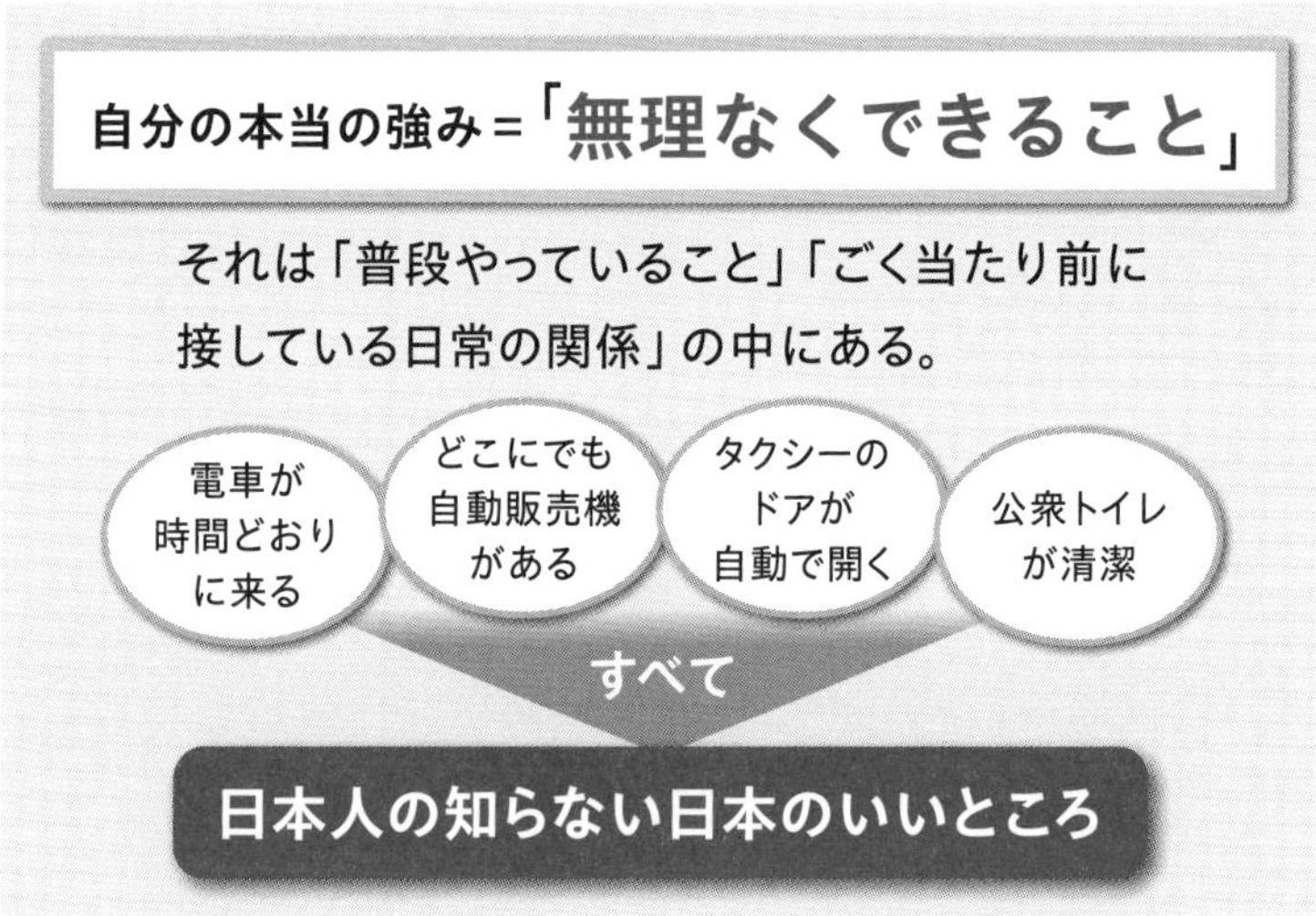

自分の本当の強み＝「無理なくできること」
それは「普段やっていること」「ごく当たり前に接している日常の関係」の中にある。
電車が時間どおりに来る
どこにでも自動販売機がある
タクシーのドアが自動で開く
公衆トイレが清潔
すべて
日本人の知らない日本のいいところ

ちなみに、アイスコーヒーというのも、2000年くらいまではほとんど日本でしか飲めない、独特な飲み物だったそうです。ただ近年になってからは、海外でもアイスコーヒーが人気となり、普通に飲めるようになったそうです。

そんなふうに、**当たり前になっているから、私たちは外から見た自分のいいところがわからない**。でも、それを自分で発見するのは、なかなか難しいことです。

だから最も賢い策は、お客様に直接聞いてみることなのです。「何が決め手となって私たちのお店を選んだのですか？」とか、「何が決め手となってこの商品を選んだのですか?」と。

質問の仕方についての詳細は次章で述べますが、それが一番手っ取り早く、「自分で気づかないこと(本当の強み)を知る方法」になるのです。

「お客様の期待以上」なんて目指す必要はない！

「いつも自分がやっていること」や「無理なくできること」を強みにするのにはもう1つ、「期待値」を上げすぎないようにする効果もあります。

というのも、あまりに「すごいこと」や「特別なこと」を押し出そうとすると、一度目はよくても、その先が続きません。

顧客も「より上のこと」を期待するようになりますから、どこかで限界が来てしまう。結果、「なんだ、この程度か」と思われ、飽きられるのが早くなってしまうのです。

たとえばイベントのようなことを仕掛けたり、スペシャルメニューを用意したりすれば、最初はものすごい数の集客ができるかもしれません。

でも、そこで集客されたお客様は、「イベントがないとき」や「スペシャルメニューがスペシャルでなくなったとき」にも来てくれるのか？

だとしたら、イベントがないときやスペシャルメニューがなくても来てくれたお客様を大切にし、徐々にお客様を増やしていったほうが長続きするかもしれません。

ビジネスでは「お客様の期待を上回りなさい」とよく言われますが、私は長く商売をするためには、「期待どおりを維持すること」こそ大事だと思っています。

とくにネットの時代、動画配信の世界では、サプライズサプライズで、驚くものばかりやろうとして、かえって信頼性を損ねてしまっているところが多く出てきています。無理をし続けるとそうなるわけで、最初から「自分が維持できるところ」でやっていかないと、やがては「Win-Lose」の奴隷モデルに追い込まれてしまうわけです。

日本の老舗（しにせ）旅館であったり、あるいは創業100年を超える伝統企業は、びっくりするものを提供するのでなく、むしろ**「変わらないもの」を長く提供する**ことでブランドをつくっています。創業から150年以上、ブリキや銅の「茶筒」をつくり続けている会社がありますが、ここも「変わらないもの」をつくり続けることで世界的な人気を集めるまでになっているのです。

〝自分たちの本当の強み〟というのは、そんなふうに考えるのがいいのではないでしょうか。

世の中を見ても、「キユーピーマヨネーズ」「味の素」「太田胃散」「森永ミルクキャラメル」など、大きくは変更しないことでブランドを維持している商品は多くあります。

個別のお客様にしては、長い歴史の中でさまざまな要望はあったでしょう。でも、「こういう変更をしてほしい」という要望がある一方で、必ず一方には「そこは変えてほしくない」という意見があるのです。だからこそ売る側は、長く愛してくれる近い距離のお客様の声をきちんと聞く必要があります。

昔こんなことがありました。クライアントに接待を受け、食事をしたあとで「落ち着いたバーで、ゆっくり話しますか」と案内され、あるバーに行きました。ところがそのバーは、いろいろなお客様に喜んでもらうためということでカラオケが入り、非常に賑(にぎ)やかなお店になっていたのです。私を接待したお客様はガッカリしていたので、次から落ち着いたバーでゆっくり話したいときにはこのお店を利用しなくなるでしょう。

むろん、結果、今まで以上のお客様を獲得するならそれでいいのでしょうが、しかし、簡単に古くからの馴染(なじ)みのお客様を無視するお店が、はたして180度の方針転換でうまくいくのかという気もします。

大きな変化をするときこそ、お客様に意見を聞くことは重要なのです。

「弱み」を無視して「強み」を伸ばす理由

私たちが自分の強みに気づきにくい理由には、他人と違う点があると、それを欠点として考える傾向があることにも理由があります。

つまり人は、どうしても他との違いを「弱み」としてネガティブにとらえてしまう。でも自分の能力を高めるのに、それは必ずしも正しい方法とは言えません。

というのも、「強み」と「弱み」は、表裏一体になっていることが多いのです。他人から見たら「強み」であることが、本人から見れば「弱み」に感じていることもあります。

たとえば引っ込み思案で、内気な人がいる。当人はそんな性格を治したいと思っているとしても、他人から見ればいつも控えめで、話をよく聞いてくれることが魅力になっていることもあるわけです。

そんな人が性格改善することは、いいことなのか？　キャラが変わってしまえば、今まで好いていてくれた人が離れてしまう可能性もあるでしょう。

かのイチロー選手も、クセのある振り子打法の打ち方を矯正せず、むしろ究めていったことから、レジェンド級の打者になりました。彼は最初に入団したオリックスで、当初の監督の意向に逆らい、レギュラーを外されながらも、自分の打法にこだわり続けたといいます。

ビジネスでも「弱み」を「強み」に変えた事例はいくつかあり、たとえば池袋のサンシャイン水族館などは、都心の狭い立地を逆に利用することで他の水族館に対して個性を打ち出しています。周囲の高層ビル群を背景にしてペンギンなどを見られるのは、この水族館独特の工夫でしょう。

古くは、鹿児島県のサツマイモも、桜島の火山灰から成るシラス台地で、米ができない代わりに栽培したものです。鹿児島県はそこから焼酎を生産することで、ほかにない個性的な特産品を手にしました。

私たちは結果が出ていないとき、自分たちが持っている個性を、「欠点」とばかりにとらえがちです。

再度言いますが、第1章で紹介したタマゴサンドを出していた喫茶店は、自分たちが思うところの「無駄が多く、古臭い雰囲気の場所」という欠点が、じつは他人から見ると「落ち着いた雰囲気で、居心地がいい場所」という長所になっていました。そんなふうに、欠点を長所にとらえている人は、意外と多くいる可能性だってあるのです。

だからこそ私たちは、お客様の声を聞く必要がある。それも批判的なお客様でなく、ずっと支持してくれているファンの〝好意的な声〟を聞く必要があります。

お客様ではない人の言葉に耳を傾ける必要はない

人は文句や忠告ばかり気になりますが、そこを直しても、じつはあまり変化が起こらないことが少なくありません。というのも、多くは「どうでもいい人の、どうでもいい意見」にすぎないからです。

ある食器メーカーの有名な話があります。新しい商品を開発するため、主婦の方々を集めてリサーチをしました。その際、さまざまな色、さまざまな形のお皿のサンプルをつくり、テーブルの上にずらっと並べて「どれが魅力的ですか？」と意見を聞きました。

結果。黒い三角形の斬新なお皿が、「こんなお皿があったら面白いね」ということで、人気ナンバーワンになったそうです。

そこでリサーチが終わり、「皆さん、ありがとうございました。ご意見、参考になりました。アンケートにご協力していただいたお礼に、好きなお皿を1枚プレゼントします」と伝えます。

すると大勢の人が選んだのは、「白色の丸い皿だった」そうなのです。

三角形の黒い皿は、本当に欲しい対象だったのでしょうか？

集まった人がべつに嘘(うそ)をついていたわけではないでしょう。「どれが魅力的ですか？」と聞かれれば、斬新なデザインのお皿を選びたい。

でも、実際に持って帰っていいならば、使いやすい商品を選びたい。おそらく意見を言った方が、三角形の斬新なお皿を買うことはないでしょう。

こういうことはよくあるのです。「どんなものがあったら売れると思うか」と聞けば、大勢の人がいろいろな意見を言います。「こんな本があったらぜひ読んでみたい」とか、「こんな機能のアプリがあったらぜひ使ってみたい」とか、「こんなお店があるなら、ぜひ行ってみたい」とか。

でも、そういう意見の方に、「そんな本を探してみたことがあるか？」とか「そんなアプリがないか調べたことがあるか？」とか、「そういうお店を知っている人

お客様への質問の仕方

どのお皿が
魅力的ですか？
そうね、
三角形のお皿が
オシャレね
“斬新な三角形のお皿”が
人気ナンバーワン！
お客様
店員
アンケートのお礼に
お好きなお皿を
プレゼントします
これがいいわ
しかし、実際に選んだ
のは、“使いやすい白
色の丸い皿”だった
何が決め手で、
この商品を購入した
のですか？
使いやすそう
だから

がいないか、聞いてみたことがあるか？」と聞けば、決まって「ノー」と答えるでしょう。

つまり、実際にそんな商品があったとしても、意見を言うだけの人は、おそらく購入することはない。最初から買うことを考えていない人に、「どんな商品があったら欲しいですか？」と聞くのは、判断を誤らせる情報にしかならないのです。

だから意見を聞くのであれば、すでに購入したお客様に「何が決め手で、この商品を購入したのですか？」と聞かなければなりません。

そこで次章で詳細に、「お客様への質問の仕方」を考えていきましょう。

第3章

「お客様目線」を知るための方法

お客様に最低限聞くべき「5つの質問」

まずは、次の5つの質問をご覧ください。

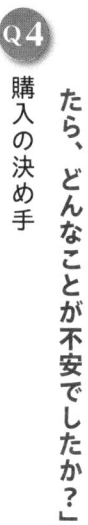

Q1 購入前の背景（悩み、欲求）

「この商品を購入する前に、どんなことを思っていましたか？」

Q2 知った方法（媒体）

「何で、この商品を知りましたか？」

Q3 購入時の不安

「（商品名）を知って、すぐに購入しましたか？　すぐに購入しなかったとしたら、どんなことが不安でしたか？」

Q4 購入の決め手

「いろいろな商品がある中で、何が決め手となってこの商品を購入しましたか？」

Q5 使用後の感想

「この商品を実際に使ってみていかがですか？」

この5つの質問は、お客様の気持ちを深く理解するため、追体験に最低限必要な5つの質問です。顧客満足度調査や改善点等を聞く他の一般的なアンケートと区別するために、この追体験できるアンケートのことを私たちは「販促アンケート」と呼んでいます。この販促アンケートは、たくさん聞けば聞くほどよりお客様の気持ちをより深く理解できるのですが、あまり多いと聞ききれなかったり、嫌がられたりするので、あえてこの5つの質問に絞っています。

よくQ5の「使用後の感想」だけを聞くパターンのアンケートは多いのですが、それだけでは答える側の購入時の追体験ができません。だから最低でも、購入前から購入後までの気持ちの変化がわかる、この5つを聞くのです。

対象や何を知りたいかによって、質問の文章を変えたり、質問数を変えたりすることはあります。しかし基本は、この5つの質問をお客様に聞くのだと考えてください。

なお、この本は「お客様目線」の大切さを伝えるために書いているので、購入単価を増やしたい、リピーターを増やしたい、休眠客を掘り起こしたいなど、それ以外のパターンを知りたい方は、拙著の『あらゆる販促を成功させる「A4」1枚アンケート実践バイブル』（ダイヤモンド社）をご覧いただくといいでしょう。

この質問の答えから、理想的なお客様を呼び込むための販促ツールをつくることができます。

販促ツールとは、具体的にあげていけば、「チラシ」だったり、ネット上のチラシに相当する「ランディングページ」などです。

いくら「お客様目線」になっても、商品やサービスをアピールしなければ、お客様には伝わりません。また、販促ツールをつくっておくと、買うほうもわざわざ聞かなくていいし、売るほうもわざわざ説明する必要がなくなります。売るほうも買うほうも、ともに手間が減り、Win-Winとなります。

第2章で定義した「自分たちが無理なくできること（本当の強み）」に、喜んでお金を払ってくれる人」を呼び込む販促ツールをつくるために、お客様の気持ちを追体験できる「5つの質問」は威力を発揮します。

「5つの質問」で何がわかるのか？

実際にこの5つの質問を使って、どんなふうに「お客様目線」を理解していくのか？　ちょっとした例で考えてみましょう。まずは私にコンサルティングを依頼してくるパターンで、一番多いパターンです。

Q1 「私にコンサルティングを依頼する前に、どんなことを思っていましたか？」

↓社員全員がお客様目線で考えられる組織にしたいと思っていた

Q2 「何で、私のコンサルティングを知りましたか？」

↓銀行のセミナー

Q3 「私を知って、すぐにコンサルティングを申し込みましたか？　もし、しなかったとしたら、どんなことが不安でしたか？」

↓コンサルティング料が高かったのでお願いするまで少し時間がかかりました

Q4 「いろいろなコンサルタントがいる中で、何が決め手となって私に依頼しましたか？」

↓長年、販促アンケートの専門家として活動していて、さまざまなノウハウを持っているので、自分たちだけで行なうより、確実に短期間でお客様目線の組織がつくれると思ったから

Q5 「実際に依頼してみていかがでしたか？」

↓社長や幹部がいちいち指示をしなくても、社員自らお客様目線で考えて動ける組織になった

このアンケートから、どんなことが読みとれるでしょうか？

まず私がターゲットにするべきは、「お客様目線で考えられる組織にしたい」と

思っている経営者や幹部の方である、ということです。銀行でセミナーを行なうことで、そういった方と知り合うことができます。

また、「コンサルティング料が高くて申し込みを躊躇（ちゅうちょ）した」ということなので、「お試しコンサルティング」や効果に満足されなかった場合にコンサルティング料を返金する「返金保証」などを付ければ契約しやすくなることがわかります。

さらに「長年販促アンケートの専門家として活動していて、さまざまなノウハウを持っているので、自分たちだけで行なうより確実に短期間でお客様目線の組織がつくれると思った」というのが契約の決め手になっています。販促ツールをつくる際は、それをアピールすればいいことがわかります。

「社長や幹部がいちいち指示をしなくても、社員自らお客様目線で考えて動ける組織になった」といった感想もいただけているので、それを証拠として出せば信用してもらいやすくなるでしょう。

質問の答えだけで、販促のアピールも簡単にできる！

こんなふうに、お客様の気持ちを追体験できる販促アンケートをとることで、さまざまなことが読みとれるのです。この内容を広告等で打ち出すために、私が考えたのが「販促アンケートコンセプト」です。

５つの質問の答えを次のフォーマットに当てはめると、わかりやすいメッセージを伝えることが出きます。

【販促アンケートコンセプト】フォーマット

（Q２の回答）で

（Q１の回答）と思っていませんか？

（Q１の回答）と思っていた方が

〇〇を購入して、今では（Q５の回答）と思っています。
〇〇は（Q４の回答）のでおススメです。
とはいっても（Q３の回答）のが不安ですよね。
そこで△△を用意しました。
ぜひ、ご検討ください。

【私のコンサルティングの場合】

（銀行のセミナー）で
（社員全員がお客様目線で考えられる組織にしたい）と思っていませんか？
（社員全員がお客様目線で考えられる組織にしたい）と思っていた方が
私のコンサルティングを受けて、今では（社長や幹部がいちいち指示をしなくても、社員自らお客様目線で考えて動ける組織になった）と思っています。
私のコンサルティングは（長年販促アンケートの専門家として活動していて、さまざまなノウハウを持っているので、自分たちだけで行なうより確実に短期間でお客様目線の組織がつくれる）のでオススメです。

とはいっても（コンサルティング料が高い）のが不安ですよね。
そこでお試しコンサルティングや返金保証を用意しました。
ぜひ、ご検討ください。

いかがでしょうか？
このように「５つの質問」の答えを「販促アンケートコンセプト」フォーマットに当てはめるだけで、誰に何をどのように伝えればいいかが、簡単にわかるのです。

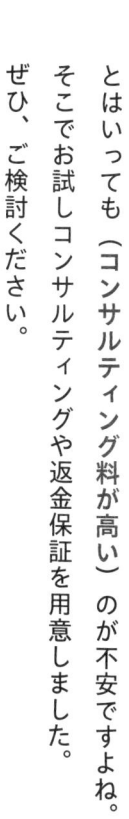

AIにも不可能な「お客様目線」のコミュニケーション

アンケートの答えをそのまま使うのが一番いいのですが、もしアンケートの答えの文章が使いにくいというのであれば、ＡＩを使って少しアレンジすることもできるでしょう。

ちなみにＡＩに、「社員全員が、お客様目線で考えられるような組織にしたくなるような文章を考えてほしい」と入力すると、次のような言葉が出てきました。

- お客様中心の企業風土を築く
- 顧客満足を追求する組織づくり
- 全従業員が顧客志向を持つ組織
- お客様とともに成長する企業体制
- 顧客の立場に立って物事を考えるチーム
- お客様のニーズを最優先する組織
- 顧客視点を重視するコミュニケーションスタイル
- 全社員が顧客を理解し、サポートする体制
- お客様の期待を超えるサービスを提供する組織
- 顧客感動を目指す企業文化の構築

この中から「顧客の立場に立って物事を考えるチーム」を使い、次のようなコピーをつくってもいいでしょう。

「顧客の立場に立って物事を考えるチームにしたいと思っていませんか？」

もう1つ、今度は商品で考えてみましょう。スーツケースの場合です。

Q1 「このスーツケースを購入する前に、どんなことを思っていましたか？」

↓重い荷物を運ぶので頑丈なスーツケースが欲しいと思っていた

Q2 「何で、このスーツケースを知りましたか？」

↓ネットで「スーツケース、頑丈」で検索した

Q3 「このスーツケースを知って、すぐに購入しましたか？　すぐに購入しなかったとしたら、どんなことが不安でしたか？」

↓本当に頑丈かどうかわからなかったので、購入を少し躊躇した

Q4

「何が決め手となって、このスーツケースを購入しましたか？」

↓取っ手の部分が頑丈になっていて、取っ手を持って持ち上げても壊れないと書いてあったので

Q5

「このスーツケースを実際に使用してみていかがでしたか？」

↓地方の駅は階段しかないところが多く、今まで取っ手を持って持ち上げると壊れていたが、これはどれだけ持ち上げても壊れないので重宝している

この販促アンケートからわかることは、購入されている方は、「重い荷物を運ぶので頑丈なスーツケースが欲しいと思っている方」である、ということです。したがって、ネットで「スーツケース　頑丈」という言葉で検索すると、より上位表示されるようにすれば、対象のお客様の目にとまりやすくなるでしょう。

また、「本当に頑丈かどうかわからなくて購入を少し躊躇した」ということなので、「いかに頑丈かがわかるデータ」や「頑丈さを検証している動画」を見せたりすると、すぐに購入してもらえる可能性が出てきます。

さらに「取っ手の部分が頑丈になっていて、取っ手を持って持ち上げても壊れない」というのが購入の決め手になったとのことなので、それを「ここがオススメ！」と書いてアピールすればいいこともわかります。

「地方の駅は階段しかないところが多く、今まで取っ手を持って持ち上げると壊れていたが、これはどれだけ持ち上げても壊れないので重宝している」といった感想をいただけているので、それを「買った方の喜びの声！」として出せば、より信用してもらいやすくなるでしょう。

ちなみに、こちらの例を「販促アンケートコンセプト」フォーマットに当てはめれば、次のようなメッセージをお客様に伝えることができます。

【スーツケースの販促コンセプトの場合】

（重い荷物を運ぶので頑丈なスーツケースが欲しい）と思っていませんか？

（重い荷物を運ぶので頑丈なスーツケースが欲しい）と思っていた方が、このスーツケースを購入して、今では（地方の駅は階段しかないところが多く、今まで取っ手を持って持ち上げると壊れていたが、これはどれだけ持ち上げても

壊れないので重宝している）と思っています。

このスーツケースは（取っ手の部分が頑丈になっていて、取っ手を持って持ち上げても壊れない）のでオススメです。

とはいっても（本当に頑丈かどうかわからない）のが不安ですよね。

そこで「いかに頑丈かがわかるデータや検証している動画」を用意しました。

ぜひ、ご検討ください。

取り逃がしているお客様にアピールできることも！

このように「5つの質問」の答えを、私が考えた販促アンケートフォーマットに当てはめるだけで、誰に何をどのように伝えればよいかがわかるようになります。

もちろん、イレギュラーもあります。

たとえば、江の島に観光に行ったとします。ランチで海鮮丼を食べたあと、歩いていたら、あるお店の前の看板に「生しらす丼1200円、生のしらすは傷みやすいので、獲れたその日しか食べることができません！　まもなく禁漁期に入って食べられなくなります！　今を逃すとしばらく食べられません！　この機会をお見逃しなく」と書いてありました。

そこでランチで海鮮丼を食べたあとですが、せっかくの機会なので、無理をして食べることになった……。そんな事例があったとしましょう。

この場合を、先ほどの「販促アンケート」に当てはめるとどうなるか？

Q1　**「当店で生しらす丼を注文する前に、どんなことを思っていましたか？」**

↓何も思っていなかった

Q2　**「何で、この生しらす丼を知りましたか？」**

↓お店の前の看板

Q3　**「生しらす丼を知って、すぐに注文しましたか？　すぐに注文しなかったとしたら、どんなことが不安でしたか？」**

↓海鮮丼を食べたばかりだったので、食べきれるか不安だった

Q4 **「何が決め手となって、生しらす丼を注文しましたか？」**

↓「今を逃すとしばらく食べられません！」という文章を見て

Q5 **「生しらす丼を実際に食べてみていかがでしたか？」**

↓美味しかったけど、やっぱり海鮮丼のあとだと量が少し多かった。

このように最初から、Q1が明確でなくても売れる場合はあるのです。しかしこのケースでも、5つの質問を駆使することで、さらなる手は打てます。

たとえば、このお客様は海鮮丼を食べたけど、「せっかくの機会だから」と、続けて生しらす丼を食べてくれました。しかし中には、「看板の文章を見て、食べたいと思ったものの、すでにご飯を食べてしまったあとなので量が多すぎる」と思い、諦めている方がいることは考えられます。

また、食べてくださった方も「量が少し多かった」ということであれば、次に同じような状況になったとき、注文してくれないかもしれません。

ならば、「生しらす丼ハーフ600円」というメニューをつくっておけば、断念

した方でも注文しやすく、もっと多くの方を取り込める可能性があります。

このように基本のパターンをベースにして、質問の答えから、さまざまなケースを考えていけばいいのです。

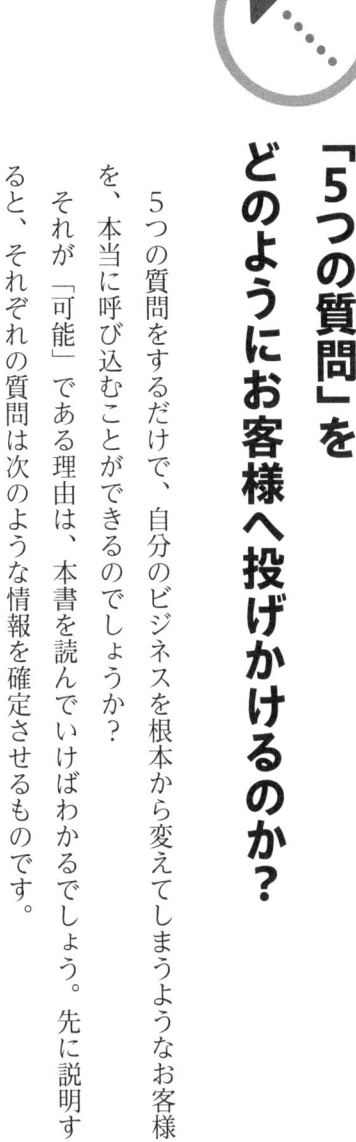

「5つの質問」をどのようにお客様へ投げかけるのか？

5つの質問をするだけで、自分のビジネスを根本から変えてしまうようなお客様を、本当に呼び込むことができるのでしょうか？

それが「可能」である理由は、本書を読んでいけばわかるでしょう。先に説明すると、それぞれの質問は次のような情報を確定させるものです。

Q1 「この商品を購入する前に、どんなことを思っていましたか？」

↓どんなことを思っている人がお客様になっているのか

Q2 「何で、この商品を知りましたか？」

↓どんなルートで商品を知ったのか

Q3 「（商品名）を知って、すぐに購入しましたか？　すぐに購入しなかったとしたら、どんなことが不安でしたか？」

↓購入にあたって、どんなことが障壁になっているのか

Q4 「いろいろな商品がある中で、何が決め手となってこの商品を購入しましたか？」

↓購入にあたっては、どんなことが決め手になっているのか

Q5 「この商品を実際に使ってみていかがでしたか？」

↓購入を希望するお客様は、どんな変化をするのか

質問はどのようにして、お客様に聞けばいいのでしょうか？

聞き方は大きく分けると2つ、1つ目は「アンケート」、2つ目は「ヒアリング」です。2つ目のヒアリングについては、自分たちでは難しいと思うのであれば、

販促アンケートの専門家などに依頼する方法もあります。

さらに、お客様に聞くよりは精度が落ちますが、「お客様に聞かないで、その答えを推定する」という方法もあります。そのために必要なのは「観察力」です。

推定にもヒアリングと同様、自分たちでは難しいと思うのであれば販促アンケートの専門家などに依頼する方法があります。

「お客様目線」を知るための質問をする方法
①直接、お客様に聞く……「アンケート」あるいは「ヒアリング」
②観察することで、お客様の思考を読み解く

直接、会話によってお客様から答えを聞き出すヒアリングは、お客様に書く手間をとらせないという部分では手軽ではあるものの、いい答えを引き出すためにはそれなりの能力が要求されます。

ですから、まずは誰にでも簡単にでき、ヒアリングした人のフィルター（思い込みや誘導等）がかからず、他のメンバーとも情報共有できる「アンケート」をオススメしています。

紙を使ったアンケートは令和の時代にも重宝する！

アンケートには、紙を使う手段と、ＳＮＳを含めたウェブを利用する手段がありますが、どちらにもそれなりのメリット・デメリットがあります。

どちらも遠隔で行なえるし、依頼しておけばその場にいなくてもできます。新人やアルバイトでも、お客様に書いてもらうだけですから、じつに簡単でしょう。

この時代でも、紙のアンケートは大いに効果を発揮することができます。ネットをあまり使わない高齢の方でも敷居が高くありませんし、何より、**直筆の証拠を残すことができる**からです。

ＡＩが出てきたことによって、嘘のお客様の声も簡単につくれてしまう時代になりました。そのため、直筆の証拠があるかないかは、信用度にも大きく変わってくるでしょう。

アンケート用紙を使う際のデメリットは、手書きの文字をテキスト化するための転記が大変で、集計に手間がかかることです。ただ最近は、スキャニングすると、テキスト化してくれるアプリやソフトもあります。ですから昔のように、苦労することはなくなりました。

ウェブでのアンケートは集計がラクですし、コピーしてそのままホームページなどに載せることもできるので、扱いやすいものではあるでしょう。

ただ文字を打つのに慣れていない方だと、長い文章を書いてもらえないことが多くなります。また修正がラクなことから、感情があまりこもっていない簡素な文章にもなりがちです。

「アンケートを、いかにしてお客様に書いてもらうか」という方法論はあとで紹介しますが、その前に、ヒアリング、つまり「直接、お客様に聞く」ということが、なぜ簡単なようでいて難しいのかを説明しましょう。

なぜ、お客様に直接聞くことが難しいのか？

お客様へのヒアリングのいいところは、1人のお客様に対し、アンケートには出てこない部分まで、掘り下げて聞くことができることです。

たとえば、「この商品のどこがよくて購入したのですか？」という質問に関しても、「もう少し具体的に教えてください」とか、「なぜ、そのように感じたのですか？」と聞いていけば、お客様に関するより深い情報が集まってきます。

「ハイスペックなパソコンを購入しようと思ったお客様へのアンケート」のケースで考えてみましょう。

「ユーチューブなどの動画配信を始めたのだが、今のパソコンでは音が悪い。そこで少しハイスペックなパソコンを欲しいと思っていた」

アンケートでわかるのはここまでですが、1対1の質問であれば、「動画配信ですか？　具体的にはどんな配信をしているのですか？」などと、より詳細にお客様に聞くことができます。

すると回答したお客様は、べつにユーチューバーになろうというのではなく、音楽をやっていて、その配信をしたいのだということがわかった。決してITにも詳しいわけではなさそう。

すると「パソコンよりも、たとえば撮影機材であったり、音響関連のシステムを改善することで、より理想的な環境ができるのではないか……？」といった、新しい提案をすることも可能になるわけです。

ただし、こうした掘り下げができるのも、多くは1対1のインタビューができる場合に限られます。

これが、よくあるグループインタビューになると、**周りの意見を気にして、なかなか本音が出にくくなる**ケースが多いのです。他人の意見は確かに、「私もそう思う」といったヒントにはなるのですが、他のお客様に同調した結果、本当の思いを隠してしまうこともあります。

わかりやすいのは動機がネガティブなものであった場合です。たとえば服についての購入理由で「デザインが優れている」とか「機能性がいい」という意見は出やすいのですが、「太っている体型を誤魔化しやすい」とか「値段が安い」という回答は人前であまり言いたくないでしょう。

さらに難しいのは、先にも述べたヒアリングスキルの問題です。営業やマーケティングのプロであれば、うまくお客様から聞きたいことを聞き出すのではないか？

じつは長年商売をやっている人ほど、ヒアリングでは失敗することがあります。というのは、**お客様の本心でなく、「お客様に言ってほしいこと」を聞き手が誘導してしまう**からです。

売り手の頭には、長年の経験から「こういうお客様の回答があったら、広告にはものすごく使えるな」などという理想回答があるわけです。

するとと、たとえば整体師さんで「腰痛の改善なら任せてほしい」と考えている人がお客様へのインタビューを行なったとします。

「体が痛かったので、探した結果、ここが近くてやってきたんです。おかげさまで、すっかり、痛みはすぐに引きました」

「その痛かったのは、腰ですかね？」

「えーと腰から背中にかけて、このへんが……」

「おもに腰痛ですね。ぜひホームページにお客様の声として載せさせてください」

そんなふうにお客様の本音を、自分が欲しい声に置き換えてしまう。

むろん、「営業のためにはそれでいい」という考えもありますが、自社商品・サービスの見直しをしたり、新商品・サービスを開発する際には、本当の声を明らかにしないことがマイナスになります。

だからこそお客様へのヒアリングをするのであれば、販促アンケートの専門家など、中立な立場になれる外部の力を借りるのが有効になってきます。

お客様にアンケート用紙を渡すベストタイミングとは？

お客様にアンケート用紙で質問する方法に戻りますが、**最も重要なのは「タイミング」**です。たとえば、テーブルにアンケート用紙の束を置いて「よかったら、ご回答ください」とやっていたところで、わざわざそれを記入する人がそれほどいるわけがありません。

そうでなく、「今ならお客様がアンケートに答えてくれる」という絶好のタイミングで用紙をお客様に渡し、その場で書いてもらうことを「仕組み」にまで確立する方法があります。

たとえばわかりやすく、エアコンの設置で考えてみましょう。エアコンを新しく購入すれば、メーカーや販売店と契約している業者などが製品を取り付けに来ます。

その際には、あとでトラブルにならないように、必ずと言っていいほど、お客様にアンケートをとるのが通常になっています。

問題はそのアンケートを、いつお願いするかです。商品を取り付けたあと、「よかったらこれ、書いて送ってください」なんて封筒と一緒に渡したって、あとでお客様が送ってくれるわけがありません。

では、いつお客様にアンケート用紙を渡すのがよいのかといえば、エアコンを設置している間です。お客様はその傍にいて、通常は取り付け作業に立ち会うことになっているわけです。その間に答えられる質問項目を記入していただき、あとで領収書などを渡すときに、工程後でなければ書けない質問を埋めていただき、その場でアンケート用紙をいただけばいいでしょう。

そんなふうに、あらゆる仕事に対して、「今、アンケート用紙を出せば、お客様は絶対に書いてくれる」というタイミングはあります。

たとえば保険など、契約書に印鑑を押してもらう仕事であれば、一般的に印鑑を押してもらったあとで、「よろしければこちらのアンケートに、ご記入いただけないでしょうか」と用紙を出す。その際に、「今後、私たちがどのようにお客様のお役に立てばいいのか、それを知るためのものですので」と説明すれば、たいてい快く、お客様はアンケートに記入いただけるでしょう。

逆に飲食店や居酒屋などでは、多くが帰り間際にアンケート用紙をいただくことにしていますが、なぜ最初に注文を取って最初の料理をお出しする間にアンケート用紙に記入していただかないのか、逆に不思議なくらいに思います。

入店してすぐにアンケート用紙に記入してもらい、記入してくれた方にワンドリンクや一品サービスをすれば簡単にお客様の声が集まるような気もするのですが、そうなっていないのは「お客様目線」の重要性が浸透していないからでしょうか。少し残念にも感じてしまいます。

アンケートは、「売り手」と「買い手」の共同事業

私のセミナーでも、参加者へのアンケートは、必ずもらうようにしています。通常、セミナーのアンケートというと、セミナーが終わってから書いてもらいますが、私のセミナーでは必ず〝冒頭〟に書いてもらいます。

手順としては、セミナーを始める前に、集まってくださった皆さんにこう言うのです。

「お手元に、アンケート用紙があると思います。そこにQ1からQ5まで質問があると思いますが、Q5は今日のセミナーの感想なのでまだ書けないと思います。しかしQ1からQ4までは、今日のセミナーを申し込もうと思った理由なので書けると思います。できるだけ具体的に書いてください」

ちなみにアンケートの質問文は次のとおりになります。

Q1「現在、どんなことで悩んでいるのですか？」

Q2「何で、このセミナーを知りましたか？」

Q3「セミナーを知って、すぐに申し込みをしましたか？　すぐに申し込まなかった方は、どんな理由がありましたか？」

Q4「何が決め手となって、このセミナーに申し込まれましたか？」

Q5「実際にセミナーを聞いてみて、いかがでしたか？」

そもそも本書を読んでいただいている皆さんがご察知のとおり、5つの質問やアンケートそれ自体が、私のセミナーにおける重要なノウハウになっているわけです。ですから記入していただく前に、集まっていただいたお客様には、その趣旨もしっかりと説明します。

「このアンケートは、あとからわかりますが、皆さんの業績アップの役に立つものです」

「具体的に書けば書くほど、脳は問題を解決しようと勝手に情報を集めてきます。書けば書くほど情報がたくさん入ってきて得をします。だから、できるだけ詳細に書いてください」

そんなふうに説明することで、来てくださった方も、一生懸命にアンケートの回答を考えて書いてくれます。

そうして皆さんがQ1からQ4までのアンケート回答を書き終えたら、用紙は裏を向けて横のほうに置いてもらい、セミナーを行ないます。そしてセミナーの最後に、Q5の「今日のセミナーの感想」を書いていただき、アンケート用紙を回収させていただくわけです。

後日、その内容をもとにして、私はセミナー資料をブラッシュアップするヒントに活用しているのです。

お客様が商品の購入を決め、商品を手にするまでは、売り手のほうに主導権があります。

たとえば家を建てるお客様ならば、契約してから、家が完成するまでの期間です。この間、お客様のほうは希望どおりの家ができないと困りますから、「お客様の希望どおりの家を建てるためにぜひご協力ください」とお願いすれば、建てる側の質問事項に真剣に答えてくれるでしょう。

さらに言うと、工事が始まるとクレームが発生する可能性も高くなります。ですからそのタイミングでアンケートをお願いすると、いい答えが返ってこない可能性も高い。だから、契約直後から遅くとも工事が始まるまでの期間が、アンケートのベストタイミングになるでしょう。

これを私のセミナーに当てはめると、セミナーの冒頭のあいさつから実際にノウハウについて話すまでの時間がベストタイミングにあたります。

セミナーに集まってくださったお客様は皆、「売上や業績を上げられるようになりたい」と考えている方々ですから、できるだけ私には詳細な情報を伝えたいと思ってくださいます。私もせっかく書いてくれている方のために、少人数のときや時間があるときは、そのアンケートをもとにセミナーの内容を変えていっています。

だからセミナーでノウハウの説明を始める前が、最もアンケートをお願いするのに適したタイミングになるわけです。アンケートを最後にお願いしたら、もう皆さんが私に情報を提供するメリットもありませんから、記入せずに帰ってしまう可能性も高くなります。また、セミナー内容で知りたいことが知れると、当初思っていた悩みなど忘れてしまって、書きたくても書けないということがあります。

ですからやはりアンケートは、こちらがベストなタイミングをはかって行なわなければいけないのです。それがWin-Winの関係を築く第一歩になります。

購入者限定特別レポートプレゼント！

【実録】
お客様目線の組織へ─販促アンケートの力

を手に入れて、あなたのビジネスを変革しませんか？

「ビジネスが成長停滞に陥っていませんか？」

「お客様からの苦情が増え、
社員の士気が低下していませんか？」

「何をすべきか迷っていませんか？」

そんなあなたに、
このレポートが助けになるでしょう。

このレポートは、実際のコンサルティングの様子を明瞭かつ分かりやすく整理したもので、実際の企業がお客様視点に立った組織作りを成功させるまでの過程を解説しています。

このレポートは、あなたが 10 万円のコンサルティングを受けることなく、それ以上の価値を提供します。具体的な解決策、新たな視点、そしてストーリーを通して、あなたのビジネスが直面する問題を解決するための方法を学べます。

このレポートを読むことで、あなたのビジネスは新たな視点で見直され、お客様視点に立った組織への変革が始まります。

今すぐ特別レポートを手に入れて、あなたのビジネスを新たな高みへと導きましょう！

【購入者限定特設サイト】 **https://tokusetsu.net/**

※いつまで行なえるか分かりませんのでお申し込みはお早めに！

アンケートに対する見返りは必要か？

先に居酒屋などのドリンクや一品サービスの話をしましたが、よほど低価格で売っているような商品や人間関係が薄い場合ではない限り、「**原則、アンケートを書いてくださった方へのプレゼントなどは必要ない**」と私は思っています。

というのも、仕事を依頼したのであれば、お客様は相手にいい仕事をしていただきたいのです。「私どもがお客様にもっと満足していただくために、ぜひ当社を選んだ経緯のことを詳しく教えてください」とお願いすれば、それを渋るお客様はそう多くないと思います。

これはネットを使ったアンケートでも同じで、注文が入ったときにすぐ、通販会社は「いついつまでに商品をお届けします」という納品メールを送りますが、このタイミングで「よろしければ、アンケートに協力していただけませんか」と質問事項を送れば、比較的書いてくださるお客様が多くなります。

つまり、「商品を注文してから、それが届くまでの間」というのは、お客様も、お店に対して最善の仕事をしてもらいたいのです。そのためにアンケートに答えることが必要であれば、協力してあげようかという人が多くなるでしょう。

もしアンケートをお願いして、アンケートに答えるのが手間だから注文をやめる人がいれば、あまり欲しいと思っていなかったか、ライバルの可能性があるので、それはそれでよしとしましょう。

その後、2ヶ月くらいしてから、「商品を使ってみて、いかがですか?」というアンケートをとるのであれば、商品を気に入っているか、そうでないかによって、回答率は変わってきます。

さらに加えるなら、コンビニで購入するような商品に対するアンケートをとるとなれば、やはりよっぽどのファンでなければ、わざわざアンケートを送ってくれる人は少なくなるでしょう。

その場合は、ちょっとしたプレゼントを用意するか、懸賞やギフト券など抽選プレゼント企画が有効になります。せっかくここに投資をするのであれば、「お客様アンケート大賞」のようなものも行なって、アンケートへのいい答えには大々的にインセンティブを与えるほうがいいでしょう。

世の中には「たかがアンケート」と軽く考える人もいるし、今の不況下では、費用対効果を考えて、やめてしまっているメーカーや販売店も多くなりました。しかし私に言わせれば、それはアンケートの質問がよくないから費用対効果が悪くなっているだけです。販促アンケートは、「お客様目線」を知って、お店や会社の方向性を決める重要なものなのです。

そのために時間とお金をかけることは、会社として非常に重要なことでしょう。部下や社員も含め、アンケートをとることにもっと意識を重く持つべきだと考えています。

お客様を観察して、その心理を明らかにする方法

アンケート以外にお客様の意見を聞く方法には、ヒアリングという方法がありました。先に述べたようにそれは「難しい」手段でもありますので、あとでプロに頼む手段とともに考えることにしましょう。

その前に考えたいのは、「観察する」という手段です。

いくら外側から見ていたところで、お客様の心の中がわかるわけもない。だから「お客様目線」を理解するには、アンケートでも会話でも、やはり意見を聞いたほうがいい。これが真実ではあるのですが、観察することに意味がないわけではまったくありません。

ホンダの創業者、本田宗一郎さんも、〝三現主義〟という原則を掲げていました。**「現場に行って、現物を見て、現実を知る」**というものですが、現場にはあらゆる

仕事のヒントがあふれているということです。

とくにお客様の購買行動には、無意識で行なわれている部分もあります。

たとえば単純な話、日本ではほとんど、お店に入るときにドアを引くのですが、海外には押して入るお店が多いそうです。そこで、たとえば外国人の多く住む地域でお客様を観察すると、ドアを押して入ろうとして、ガーンとぶつかっている人が結構いたりしないか……？

仮に、ぶつかっている人が多いとして、それがお店のイメージを悪くしている理由になっているとすれば、「ＰＵＬＬ(引く)」などのマークをドアに付けるだけで改善できるわけです。こうした問題は、観察するだけで簡単にわかることでしょう。

観察の手段としては、その場でお客様を直接見るだけでなく、あとから防犯カメラなどで観察する方法もあります。

もちろん固定されている防犯カメラでは、一定の位置からしか観察はできませんし、分析できるお客様の行動も限られるでしょう。けれども大勢のお客様の様子を比較することで、「どんな場所にある商品の前で立ち止まるか」とか「お客様がどういう動線で店内を移動しているか」といった俯瞰的（ふかんてき）な情報がわかります。

これによって、たとえば「看板をどこに置くか」とか、「どの場所に売りたい商品を陳列するか」とか、「ＰＯＰ広告をどこに置くか」といった販促が可能になるわけです。

「お客様の動線」がかなり研究されているのはやはりコンビニで、商品の置き方の指示まで行なわれています。人気商品を手前にしたり奥にしたり、目玉商品の場所を変えたりということを、かなり頻繁に行なっています。

たとえばコンビニで飲み物を売っている場所は、必ずお店の奥のほうにあります。その理由は容易に想像できるでしょう。

要するにドリンク商品は、コンビニの人気商品であるわけです。飲み物を買うお客様は必ず、お店の奥までやってくる。すると、その途中で他の商品に興味を持っていただいたり、新商品を手に取っていただく工夫ができるわけです。同じ理由で沖縄のドラッグストアでは一番奥にアイスクリームなどを置き、売上を上げていました。

そのほかの観察の仕方としては、お客様に寄り添って、その行動を見る方法もあります。たとえば自社のサイトを注文する際に迷わずに欲しい商品を見つけられるか、スムーズに注文できるかを、後ろから見させてもらうのです。

外部のプロにヒアリングを依頼するメリットは？

最後にプロに依頼する場合ですが、打ち合わせてして決めるべきは、次のような事柄です。

- 調査にかける予算はどれくらいか
- 何人くらいを対象とした調査をするか
- どれくらいの時間をかけるか（3ヶ月、半年、あるいは1年後に、確認の再調査

をすることも）
・ヒアリングの目的は何か（新規顧客開拓か、リピーターを増やしたいのか）
・どのような方法で行なうか（訪問か、最近はZoomなどの遠隔も）

販促アンケートの専門家にお願いすれば、結果を報告するだけでなく、お客様の回答から効果的なアドバイスをしてくれるでしょう。「お客様目線の組織づくり」ということも、専門家はより具体的に提案してくれます。

私自身も、そうしたお客様へのヒアリングをずっと行なってきました。

そもそも私は、カーディーラーの販促を専門とする会社で働いていた経験があります。その際は、各ショールームを回りながら、あらゆる販促事例やお客様の声をかき集め、「お客様目線でこうしたらもっとお客様に喜ばれるのではないか？」とか、「こういうふうにお店の改善をしたらお客様のためになりますよ」と提案し続けていました。

お客様の声を聞けば、いろいろなことが明らかになります。

たとえば、ある軽自動車が出たときの話です。それは若い女性をターゲットにした軽自動車で、パステルカラーのお菓子みたいな可愛い色が売りになっていました。

ところが、この車を非常によく売っていた営業マンに話を聞くと、色をアピールするよりもドアの開け閉めをさせるほうが効果的とのことでした。そのときに聞こえる「ボスッ」という本格的な音が出るので、お金を出す娘さんの父親に「この軽自動車は、他の軽自動車と違って造りがしっかりしているのです」とすすめるのだそうです。

すると娘の安全性を一番に考えている父親が決めてくれるとのこと。

メーカーは可愛い色ばかりをアピールしていましたが、実際にお客様と接している人に話を聞くと、売れるヒントがわかるという、いい事例です。

お客様の声の大切さをわかっている人は、よくわかっている。ただ、それが体系化されていないから、「皆が使えるノウハウ」になかなかならないのです。ですから詳しい外部の人に手伝ってもらうことは、非常に大きな改革になります。

その昔、私がカーディーラーの販促を手伝っていたときにやっていたことも、

「あっちではこういうふうにしたら、○○○○という車がよく売れましたよ」とか、「車検の入庫数を増やすのはこの広告が有効でした」という情報を、あちこち回りながら伝達役になっていただけ。

でも、そうして聞いた情報を体系化したら、「絶対に聞くべき質問」に集約することができたのです。そこから販促アンケートのノウハウが生まれました。

いずれにしろ、お客様を知ることは、ビジネスにおいて最も大切なことなのです。そのために外部の力を借りる必要があるのなら、積極的に活用すべきと思います。

第4章

コンセプトに合うお客様を決める

誰に、何を、どのように売るか？

お客様への質問やアンケートの答えを、どのように生かしていくか。本章では、情報の集計や、分析の仕方、さらに「それをもとにした広告のつくりかた」について述べていきましょう。

まず当然のことですが、アンケートで多かったお客様の声は、間違いなく本音を表している、ということです。

典型的なのは第1章で紹介した京都の喫茶店です。アンケートをとるまで店主は、お客様の目当ては名物のタマゴサンドと思っていたわけです。それが「居心地のいい場所だから」という多数のお客様の声を知ったことで、〝安らぐ空間〟という新しい売り方ができるようになりました。

ただ、**「お客様の声の中の、少数の特定の声に耳を傾ける」**というのも、効果的な方法があります。つまり、その「特定の声」が、非常に優良なお客様であるケースです。

お客様の声を聞けば、ときには売り手が想像もしていなかった、ビックリする声を聞かされることもあります。

たとえば、ある健康づくりジムでの話です。まずは『自分のペースで気軽に運動ができる！』『マシンの操作が簡単で安心！』『地域No.1の低料金！』といった内容を掲載したチラシをつくりました。

けれども、新聞の折り込みに入れた1万4600枚のチラシにも、ポスティングで配った3万枚のチラシにも、思ったほどの反応がなかったのです。

そこでジムに来てくれるお客様に、「入会する前は、どんなことでお悩みでしたか？」とアンケートで聞いてみたのです。すると、「姿勢が悪い、肩こり、筋力低下、体力低下、腰痛、膝痛、運動不足、病気のリハビリ」といった答えが返ってきました。

そこで、その答えを反映してつくったチラシの原稿を、今度はジムに来ていたお客様に見せたのです。すると驚く声をいただきました。それは、「失禁が入っていないわね。失禁で悩んでいる人、意外に多いのよ」というものでした。

「失禁ですか？　でも、アンケートには一言も書かれていなかったのですが……」

「皆さん、恥ずかしいから書かないのよ」

そういった声でした。

ものは試しで、チラシに「失禁」という文字も入れてみたら、なんとそれまでの5倍も新しい申し込みがあったそうなのです。

この事例のように「お客様に聞かなければわからない」ということは、実際の現場にはよくあります。

次は、とある弁当製造会社の話です。この会社は、介護施設や病院などに、お弁当を届ける仕事をしていました。けれどもコロナの影響で、それまでのような飛び込み営業ができなくなりました。

そこで、もっとウェブからの受注を増やそうと、アンケートをとりました。B to B（企業間）でのアンケートはとるのが難しいと思っていたのですが、いざやってみると少数ですが嬉しい声をいただけました。

そして、これまでのサイトには『介護施設・医療施設に美味しく栄養バランスのとれた健康な食事を提供します』と書いていたのですが、アンケートに書かれていたことをもとに、『献立作成やカロリー計算、食材の購入や調理する手間を考慮し、事務所内での調理か、配食サービスを利用するかどうかをお悩みの方へ』と変えてみたところ、ネットからのお問い合わせが6件あり、そのうち5件を受注。継続率80パーセント、月100万円の売上アップ、年間で1200万円の売上アップになったのです。

少数のお客様の声からコピーをつくったことが、成功につながりました。

「悩み」や「欲求」に焦点を当てる

かつてマーケティングの世界では、お客様を絞り込むために「ペルソナ」という手法を使いました。

それは「20代女性、OL、独身、年収いくら」などと代表的なお客様のモデルを設定し、そのモデルが気に入りそうな営業戦略を展開していくこと。「ペルソナ」とは、英語で言う「パーソン」で、まさに「人格」とか「個性」を表す言葉になります。

しかし現在、かつての「ペルソナ」という手法は、営業や広告の世界ではなかなか成立しなくなっています。というのも、お客様がそんなステレオタイプなカテゴリーに当てはまらなくなっているのです。

というのも、その昔のマスメディア全盛のころは、20代ならこの雑誌、50代ならこんなテレビ番組と、だいたい、接する情報が決まっていたのです。だから人々の趣向にも、同じカテゴリーに属する人であれば、そうそう差が出ませんでした。

ところがネットの時代になり、人々の要望が多様化してくると、昔のように性別や年齢ではお客様をグループ化できなくなっています。

それこそ50代や60代の男性でもダイエットを意識するし、化粧品を買う男性もいる。かたや牛丼店でランチをとる女性もいれば、韓流アイドルを追いかける60代女性もいるわけです。

ですから最近のマーケティングでは、「悩み」とか「欲求」に絞って特化した売り方を追求していくのが通常になっています。

例をあげるならば、一番わかりやすいのは「コンビニ」でしょう。

コンビニはそもそも、「便利に買いたい」というお客様に特化している販売形態です。お店の広さも適度にして、最低限の品数に抑えた商品展開をしています。

ただ、**望む便利さの程度もお客様によって異なり、そのレベルもさまざま**であるわけです。

レジ横のコーヒーマシンで淹れたてのコーヒーをカップに注ぎ、イートインで飲んでいく余裕のあるお客様もいれば、缶コーヒーを買って、帰り道に歩きながら飲んで帰る人もいます。

その便利さを望むタイプには、やはりペルソナも当てはまりません。男性か女性かは関係ないし、年齢もあまり関係ない。価格が安いか高いかも、あまり考慮しないことが多くなります。

多少高くても、家で外食のようなメニューが手っ取り早く食べられるなら、それを喜ぶお客様もいます。すると、手っ取り早く買えるお弁当などに、最近は比較的、料金の高い高級メニューが増えているわけです。

また「手軽さ」をより徹底して、電子決済はもちろん、自分で手続きして勝手に買っていくセルフレジも定着しています。

早く、手軽になるならば、サービスなんて一切なくていい。そういうお客様も世には多くいるわけです。そういう人には望みどおりにしてあげることで、逆にお店の側は、サービスを望む人に時間をかけられるわけです。

メリットより、ベネフィットを打ち出していく

「誰に」「何を」「どのように売るか」と考えた場合、重要なのは「メリット」と「ベネフィット」を明確にすることです。そのためには「**お客様が誰なのか**」を明確にする必要があります。

メリットとベネフィットについては、次ページの図にまとめました。以前、私のセミナーに参加されたサッシメーカーの方がつくったチラシの話です。

サッシとは、すなわち「窓枠」のことですが、使われるガラスの窓が二重構造になっていることで中が真空になり、熱を通さないので、冬は暖かく、また防音の効果も持っています。

しかし、「暖かく、防音効果もある」というアピールは、一見、効果的に見えて、すべてのお客様にとって魅力になるわけではありません。なぜなら、「部屋が暖か

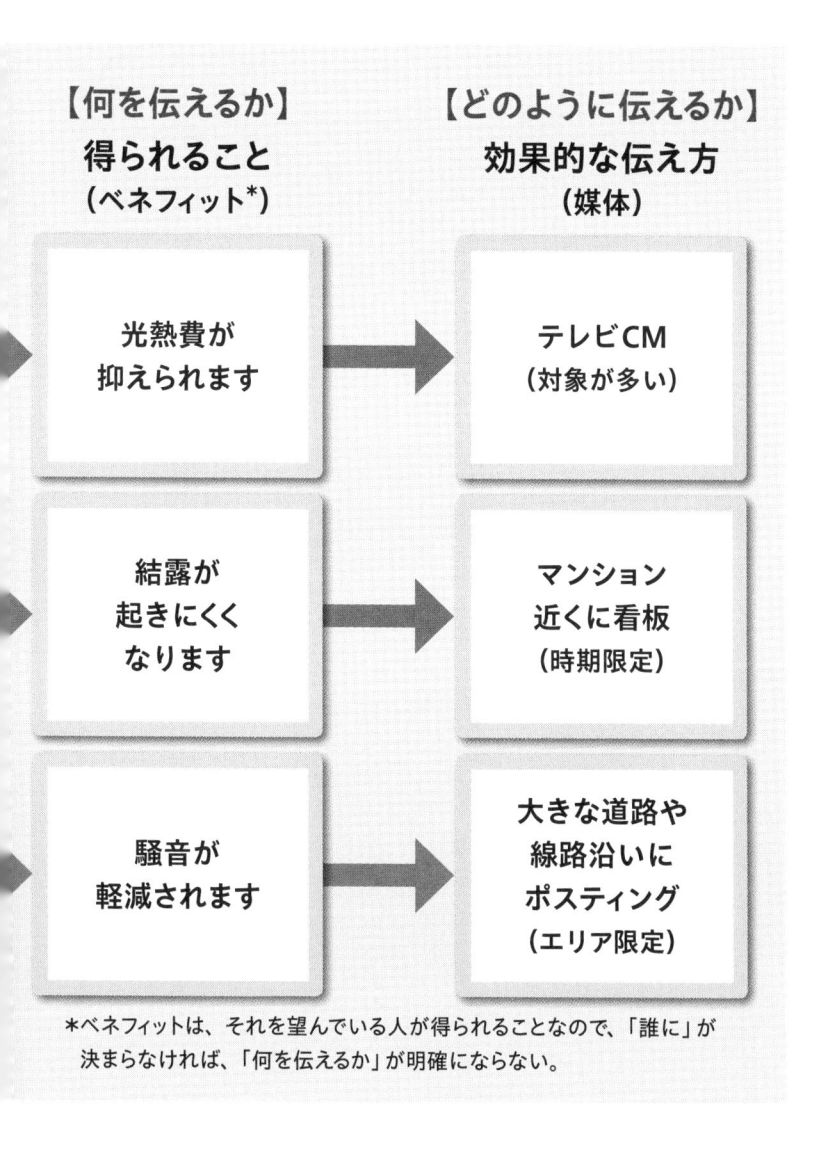

【何を伝えるか】 得られること （ベネフィット*）		【どのように伝えるか】 効果的な伝え方 （媒体）
光熱費が抑えられます	→	テレビCM（対象が多い）
結露が起きにくくなります	→	マンション近くに看板（時期限定）
騒音が軽減されます	→	大きな道路や線路沿いにポスティング（エリア限定）

*ベネフィットは、それを望んでいる人が得られることなので、「誰に」が決まらなければ、「何を伝えるか」が明確にならない。

メリットより、ベネフィットを打ち出していく

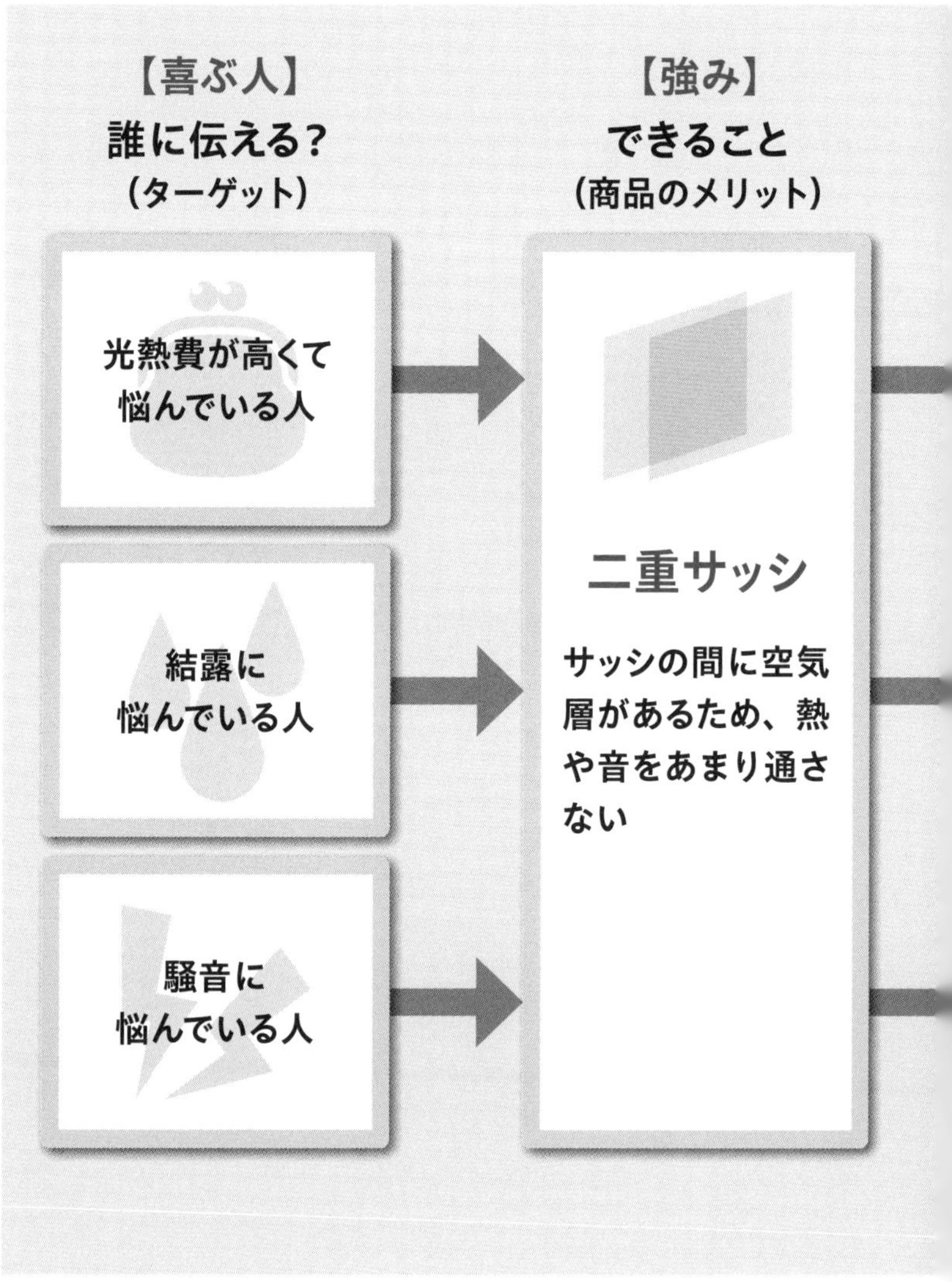

くなる」というメリットも、「騒音が少なくなる」というメリットも、それを魅力に感じるお客様が食い違っているからです。

かつての大量消費時代であれば、「こんなにメリットの多い商品です」と打ち出しておけば皆がそれを購入してくれますから、テレビCMなどのマスマーケティングさえ行なっていれば、モノは売れていったのです。今は「それを欲しがるお客様」に向けて、「この商品で実現できること」を明確にしていかなければ、お客様が求める価値をアピールできません。

その「**お客様ごとに異なった商品の価値**」が、購買を決めるベネフィットとなるわけです。

図を見ていただけばわかるように、商品の持つ特性としてのメリットは同じでも、「光熱費が高い」ことに悩むお客様と、「騒音がうるさい」ことに悩むお客様では、打ち出すべきベネフィットが異なってきます。そしてまた、お客様へのアピールの仕方も、「対象者の多いマスマーケティング」か、「特定の条件に限られるターゲットマーケティング」か、によって異なってきます。

図では、前者向けにテレビCMを流し、後者向けにはポスティングで個別営業を行なうやり方を考えているわけです。

あるいは図にありませんが、チラシなどをつくる場合、この「二重サッシ」という商品に関しては、『部屋が暖かく、結露も起こらない』というチラシと、『騒音対策に有効』という2種類のチラシをつくることが有効です。

そして前者のチラシは、冬の寒くなるシーズンに向けて、新聞の折り込みなどに入れて、大勢の人に見てもらうようにする。一方で「騒音対策」のチラシのほうは、線路沿いや国道の脇の住宅やマンションだったりに一軒一軒ポスティングをするわけです。するとと騒音に悩んでいる方は、すぐに気にしてくださいます。

こうして**同じ商品でも、違うベネフィットを打ち出して、違うお客様へ異なる方法で営業をかける**ことができるわけです。

ベネフィットを間違えると、お客様から無視されてしまう

ベネフィットの打ち出し方を間違えると、当然ながら「本来は買ってもらえるはずのお客様に、興味をまったく持たれない」という失敗が起こってしまいます。

たとえばコロナ禍の沖縄の学習塾で、実際にあったケースです。こんなコピーを使用して、受講生を募集しようとしました。

「休校だけど、家だとテレビもあり、スマホもありで、全然勉強できる気がしない中学1、2年生の方へ」

冗談のようですが、実際に中学生たちに「どんなときに塾に行こうと思うか？」と聞けば、こうした答えが多かったのです。

なるほど、「勉強しなきゃいけない」と思うけれど、家にいれば、いろいろな誘惑がある。塾に行ったほうが、勉強はできるだろう……。

けれども、このコピーで広告を打ったところ、まったく反響はありませんでした。

どうしてかわかるでしょうか？

学習塾だからお子さんのベネフィットに合わせる、というのがそもそも間違いだったのです。お金を出すお客様は子供たちではありません。お子さんを塾に行かせる親御さんなのです。親御さんにアピールする広告を打たなければ、お子さんを「塾に行かせよう」とは思いません。

結局、この塾は改めて親御さんにアンケートをとり、多かった答えをもとに広告をつくり直しました。

「高校進学準備を真剣に考えているお家の方へ」

至極当然で、何のインパクトもないようなコピーですが、それでも新規入会が4倍になったそうです。つまりこの言葉は、子供を塾に行かせたい親が、一番気にしていることだったのでしょう。

こうした失敗は、営業のプロたちの世界でも、よく起こっているのです。とくにライバル企業が違うやり方で成功していたり、自分たちと違う路線で成功した例が出てくると、私たちは「今まで最もお客様に喜ばれてきたベネフィット」を、つい見失ってしまいます。

代表的なのは、親子ゲンカで有名になった高級家具屋さんではないでしょうか。すでに大手家電販売店に吸収されてしまいましたが、「ニトリ」さんのような別形態の企業の成功例にとらわれ、低価格路線の店舗をつくろうとして失敗してしまいました。本来のベネフィットである、「会員制を前提とした密着営業で良い商品を提案する」という特性をまったく維持できなかったわけです。

結局、新たに元社長である父親がつくった会社が路線を引き継いで、現在、成功しています。

私がかかわっていた車メーカーでも、やはり失敗例がありました。それはフルモデルチェンジしたミニバンのケースですが、「7、8人が乗れる大きさなのに、車高が低いから立体駐車場にも入って便利」というベネフィットで、都会で非常に好評でした。だから同じコピーを使って、地方でも売ろうとしました。

でも、なかなか結果が出ない。それは当然です、なぜなら当時の地方都市には、ほとんど立体駐車場なんてなかったのです。そこで地方の特性にあったベネフィットを探しました。

地方でこのミニバンを買った方に「いろいろな車があった中で何が決め手となって、このミニバンを購入したのですか?」と聞いてみた結果、「車高が低いからかっこいい」という答えとともに、「強い横風にもあおられにくい」というベネフィットがあることがわかりました。その場所は強風がよく吹くので、このベネフィットが効果的でした。

もし「この地方ならでは」のベネフィットを見つけられなければ、地方での販売実績に大きな影響があったでしょう。「いいものなのに売れない」ということほど、ビジネスの世界でもったいないことはありません。

お客様の「決め手」に注目しよう！

そこで、ベネフィットにつながる強みをいかに見つけるかですが、ヒントは先ほどのミニバンでもすでに紹介した「お客様に最低限聞くべき5つの質問」の4番目の、「購入の決め手」となる質問にあります。

「いろいろな商品がある中で、何が決め手となってこの商品を購入しましたか？」というものですね。

質問の答え「他社より○○だったから」……この○○の部分に入るものは、利便性でもいいし、「値段が手頃だったから」でもいいし、「安心」とか「デザインがいい」とか「店員さんが丁寧」でもなんでもいいのです。それがお客様が求めた「ベネフィットにつながる強み」であり、そこに需要がある以上、必ずそれは「お客様にアピールできるポイント」になるわけです。

たとえば居酒屋で「何が決め手となって、うちの店を選んだのですか？」というアンケートをとったら、料理を褒めるでもなく、店員さんの接客を褒めるでもなく、ただ「他店より広かったから」という回答しか得られなかったとしましょう。

せっかく一生懸命に料理をつくり、一生懸命にお客様にサービスしているのに、お客様が喜んだのは、そんなところかよ……なんて、お店側はひょっとしたら、がっかりするかもしれませんが、聞けた答えはとても重要なのです。

なぜなら、「うちの店は、このへんのお店に比べて、店内が広いから、大人数でもゆったり楽しめますよ」と言えば、確実にお客様を増やすことができます。

反省して料理の腕を上げても、サービスの質を高めても、今来てくれているお客様が求めているところはそこではない。だから、すぐに売上が上がるようなことにはならないでしょう。

そうすると第2章で、「弱み」よりも「強み」に注目するように言った意味もわかると思います。

アンケートをとれば、「お店の悪いところ」を指摘するお客様は必ずいるでしょう。「従業員のこういうところを改善したほうがいい」とか、「他店に比べて、こういうところが劣っている」とか。

中には「うちの店のことを思ってあえて言っているんだ」という人もいるでしょうが、たいてい、そこを一生懸命に直しても、売上は改善しません。もちろん、一般的によくないところは改善するに越したことがないのですが、それよりありがたいのは「他店よりいいところ」をどんどん教えてくれる人なのです。

従業員の態度を指摘されたところで、その従業員を簡単に育成しなおすことはできないし、辞めさせたりしたら人手不足で別の仕事に影響が出るでしょう。あるいは「狭い」とか「駐車場がない」とか、「駅から遠い」など、言われたところでどうしようもない欠点だってあります。

そうした点は、売上を上げてさえいけば、のちのち改善できるチャンスも出てくるでしょう。ですからまずは「弱み」を先送りして、**お客様の声からは自分たちのいいところ、つまり「強み」を拾っていく**ようにするべきです。

強みを強化する前に弱みを直そうとすると、強みも大したことがない、弱みも大したことがない、何もかもが大したことがないものができあがります。ネットで比較検討しやすいこの時代に、何もかも大したことがないのが一番マズイのです。

お客様の声がそのまま、キャッチコピーになる

「いろいろな商品がある中で、何が決め手となってこの商品を購入しましたか?」という質問に対する答えは、その商品の強みであり、購入の決め手となる要素を見抜く質問だと述べました。

ならば先に紹介した広告のように、それ自体を〝セールス文句〟にして活用するのが最も効果的だと思います。

世の中には、優れたキャッチコピーをつくるコピーライターさんが大勢います。あるいは、優れたコピーばかりを集めた「キャッチコピー集」のようなものも存在

しています。ただ、どうしても既成のコピーは似たようなものになりがちですし、どうしても商業的に見えてしまったり、白々しく思えてしまう言葉も多いのです。

一方で私が推奨しているのは、〝アンケートで得たお客様の声〟を、そのままキャッチコピーに使用することです。

たとえば左の事例は、ある学習塾のフランチャイズ本部が加盟店募集の広告で使用した、お客様の声をそのまま使用したキャッチコピーです。

「地域貢献しながら安定収入が得られる！ 不況に強い学習塾経営のチャンスです！」

加盟店になってくださった方に、「何が決め手となって加盟しましたか？」と聞いたところ、「地域貢献できる」「安定収入が得られる」「不況に強い」などの声が返ってきました。それらの声の代表的なものを組み合わせて、この広告をつくったわけです。

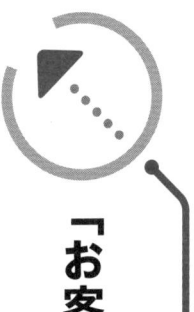

当初のコピーは、『今、大変人気の学習塾を経営してみませんか?』というもの。これも特別悪いとは感じないでしょうが、実際に「お客様の声を使ったキャッチコピー」に変えると、どれくらいの変化があったでしょう?

なんと、問い合わせの反響は1・6倍。契約数は5倍にまで跳ね上がったのです。

つまり、それだけ「お客様の声」を使うことで、得られる効果は大きいのです。

「お客様を選ぶ」考え方

第2章で「お客様=自分たちが無理なくできること(本当の強み)に、喜んでお金を払ってくれる人」だと定義しました。

それは逆に言うと「無理することはやらない」ということを意味するのですが、それでいてお客様の声が「自分たちのやり方を支持してくれる」のであれば、理想的なWin-Winの関係が長く続くことが期待できます。

静岡県で見た、とある鰻屋(うなぎや)さんの話です。そのお店の前には、こんな看板が掲げてあります。

『当店はカウンターのみの狭い店です。駐車場はありません、完全禁煙です。鰻の薬味は本わさびだけです。店主1人で調理しているので時間がかかります、たくさんつくれないので、売り切れる場合もあります。営業時間は目安です。写真は料理のみにしてください。支払いは現金のみです』

このお店に行って、「鰻に山椒(さんしょう)をつけてほしい」とか、「店内の写真を撮らせてくれなかった」と文句を言っても意味がありません。最初から「それを希望するお客様の要望には応えられない」と言っているのです。仮にクチコミサイトで文句を書いたとしても、他のお客様から「ちゃんと看板にそう書いてあるではないか」と、文句を書いた側が指摘されてしまうでしょう。

この鰻屋さんに来るお客様は、時間がかかることも、狭いことも、数に限りがあることも認めているのです。だからお店の側は無理をする必要もありません。

むろん、それを認めさせるには、少なくともずっと来てくださるお客様を、納得させ続けるだけの「味へのこだわり」があることが大前提にはなるでしょう。ただ、それだけのメリットがありさえすれば、些細(ささい)な欠点は簡単に凌駕(りょうが)できてしまうことも事実なのです。**大切なのは「すべてのお客様に愛される」ことでなく、「愛してくれるお客様を裏切らないこと」**になってきます。

むろん、そうした関係性をつくるためには、お客様との長い付き合いも必要になってくるでしょう。

そのために最初に必要なことは、自分たちの考えを偽ることなく、きちんと明らかにしていくことだと思います。

たとえば、ある牛テールラーメンのお店は、「なぜうちのお店のラーメンは値段が高いのか」ということを、壁に明確に記述しました。するとやはり、それを了解するお客様しかやってきませんから、Googleの口コミも3・2点から3・9点に上がったそうです。

「マイナス要素」をプラスにする広告

「スタッフが少ない」というマイナス要素を、もっと大々的に広告として活用している会社があります。それは、スウェーデン発祥の家具量販店「ＩＫＥＡ」です。

その広告にあったのは、「何か聞きたいときに、セールススタッフが近くにいないのはなぜ？　セルフサービス・システムによって余分なコストを減らし、お手ごろな価格で商品をお届けしています」ということで、他店よりも低価格である理由が書かれています。

よく知られているように、ＩＫＥＡでは購入した商品の番号を見て、倉庫のようなところから自分で運んでいくわけです。家具店にもかかわらず、基本は車で商品を自分で持ち帰ることを推奨しています。

この広告をやることの理由には、１つに**「説得力」を持たせる**ことがあります。

つまり、単に商品が安いだけでは、「他店より質が劣るのではないか」と考えるお客様もいるわけです。そこで「人件費を抑えているから」と言われれば、「品質はいいんだな」と納得ができます。

そのうえでＩＫＥＡは、自分たちのコンセプトに合ったお客様を集めるために、ある種のふるいにかけることもしているわけです。

「多少値段が高くなってもいいから、よくわかっている店員さんに丁寧に質問してもらいたい」とか、「運ぶのは面倒だ。あれが欲しいといえば、そのあとは家にまで運んでくれるようなラクなところがいい」という人は、ＩＫＥＡで買い物をしようとは考えないでしょう。そういう人は高級家具のお店に行けばいいし、無理に呼び込んでもクレームになってしまいます。

つまり、「安く買えるなら、自分でいくらでも商品を運ぶよ」というお客様しか、ＩＫＥＡには当初からやってこないのです。実際、そんなお客様がお店を体験すれば、新しい家具ショッピングの仕方が、文化として定着するようになりますから。だから現在は、家族を連れてドライブ感覚でやってきて、広い店内を歩き回って買い物を楽しむことを喜んでいるお客様が当たり前になりました。

今ではそれも当然になっているのですが、上陸した当初はそんなコンセプトのお店が日本にはない。だから「マイナスなことにもあえて触れる広告」は、結果的に大成功だったのでしょう。

このＩＫＥＡのやり方は、先に紹介したこだわりの鰻屋さんに似ています。「自分たちが無理なくできること（本当の強み）に、喜んでお金を払ってくれる人」を見つけるために、**自分たちができることの限界を広告で最初に提示する。**

ただしＩＫＥＡの場合は、さらに価値観を共有できる人を呼び込むことで、自分たちの考えを浸透させようとしているわけです。実際、「価値観の合うお客様」を組織できれば、やりたいビジネスが思うようにできることになるでしょう。

お客様の意見が、新しいビジネスになる

逆に、広告を打ったとき、予想外の反応があった場合はどうするか？

基本的に、対応することが「自分たちが無理なくできること」であるならば、お客様の要望に応えることで、自分たちにできる新しいビジネスが生まれることもあります。

あるリフォーム会社の事例です。コロナ禍で売上がなかなかとれないころでしたが、なんとか新規顧客を確保しようと、チラシを配布します。皆、家にいることが多くなったから、家のどこかを直そうという需要は必ずあるのではないか？

ところが、いざチラシをまくと、意外な反応があったのです。

「家をリフォームすることは難しい。でも、広告に写っているこのウッドデッキだ

け、購入することができませんか？」

ウッドデッキというのは、庭で食事などができる木組みの高床のこと。このリフォーム会社は木材を使った建築に長けていたので、建物に隣接してウッドデッキを設けるオプションを用意していました。それに対する反応だけが、意外によかったわけです。

なるほど、コロナで家にいることが多くなりましたが、部屋にこもってリモートワークを続けるのはしんどいものがあります。だから天気のいい日は、外でテレワークするのもいいのではないか。ウッドデッキがあれば、パソコンなども持ち出しやすいのではないか、というわけです。

また、バーベキューをやったり、お子さんと遊んだりなど、家族サービスに使用することもできます。

ビジネスとして成り立ちそうなので、思い切ってウッドデッキのみに絞ったチラシを配布してみました。すると4万枚で、20組の問い合わせを受けることができたのです。成約率は50パーセントで、７００万円の売上になりました。

それ以降は2ヶ月に1回、ウッドデッキのみのチラシを配布しているわけです。

もちろん、お客様の要望に逐一合わせることが、必ずしも得策なわけではありません。第2章で述べたように、自分たちに無理を強いることになったら、それこそWin-Winの関係は崩れてしまうわけです。それでは奴隷状態の、しんどいビジネスを続けることにもなりかねません。

ただ、お客様の声を聞き、「お客様目線」になってみることで、**自分たちの求めるお客様像もどんどん更新していくことが必要**です。それはビジネスを飛躍させるだけでなく、変化している世の中のニーズに対応する方法にもなるでしょう。

第5章

「お客様目線」対策を考える

「お客様目線」で成功したさまざまなサービス

前章ではお客様の声をもとにして、より多くのお客様をお店に呼ぶための方法について考えました。それが「誰に」「何を」「どのように」売るかということです。

本章で述べたいのは、もっと根本的なこと。お客様の声を聞き、「お客様目線」に立ち、よりお客様が喜ぶように会社やお店、あるいは個々の従業員のサービスを改善していく方法です。

それが、あなたのビジネスを、あるいはあなた個人を、より成長させることにつながっていきます。

そこでお客様の「要望」と「期待」というテーマに分けて述べたいのですが、私がコンサルティングを行なってきた中で、大切だと思ったのは大きく分けてこの2

つになります。前者は「～しやすくする」、後者は「～できるようにする」という形で集約することができます。

例をあげるとキリがないのですが、要望に沿うとは「お客様を喜ばせるアイデア」を実行する方法になります。実際に多くの店舗や企業が、こうしたアイデアを実行することで売上をアップさせているわけです。

そこで考え方を理解していただくために、「お客様の要望に沿う方法」として、代表的な次の６つを紹介しましょう。

①知りやすくする
②入りやすくする
③聞きやすくする
④選びやすくする
⑤買いやすくする
⑥キャンセルしやすくする

お客様の要望を叶える6つの「しやすくする」

(1) 知りやすくする

お客様から「知りやすくする」ことで、営業に成功した事例は多くあります。

たとえば、女性専用のフィットネスクラブです。主婦層向けに「1時間からできる手軽なフィットネス」で人気を集めていますが、集客用のチラシをスーパーの荷物を袋に入れる台（作荷台）のところに置いているのです。

つまり、主婦の方々が買い物をしたあと、エコバッグやレジ袋に商品を入れていると、目の前にチラシが置いてある。「なんだろう?」と思って手に取ってみると、『1時間でフィットネスができる』という。

「私にもできるのかしら……」

そう思って、ついでにチラシをエコバッグの中に入れる。そのうちの何パーセントかの人が、実際にお客様としてジムに来店してくれます。

この「知りやすくする」というのは、文字どおり「お客様目線」を意識すればいいでしょう。つまり、**お客様の目線がどこにあるのか**、という話です。

たとえば最近、あるＪＲの駅前がリニューアルされて、２階に居酒屋ができました。ただ、設計の関係で２階のお店が下の通りからは見えなくなっています。そこでどうしているかといえば、廊下部分の天井に『ここに居酒屋あります』という広告を出しているのです。

見上げたお客様の視点に立ってみると、たまたま見上げたとき、「あんなところに居酒屋があるんだ」と気づき、「行ってみようかな」という興味が出てくるというわけです。

（2）入りやすくする

「お店には行ってみたものの、入りにくくて断念してしまった」という経験が、あなたにもあるのではないでしょうか？

お店にはどんなメニューがあるのか？　価格帯はどれくらいなのか？　1人で入っても大丈夫なのか？　必ずしもお客様は、事前に情報を仕入れているわけではありません。お店に入って聞くよりは、「もっとわかりやすいお店に行こう」と考えるお客様も多いでしょう。

もちろん、「飛び込みのお客様は受け付けない」とか、「一見(いちげん)さんお断りにする」という考え方もあります。ただ、それは既存のお客様で商売が成り立っている場合で、「新規のお客様を増やしたい」という考えがあるならば、お店の前に来た際に**外からどんな店かわかるようにする工夫が必要**です。

ならば、そのためにどんなことをすればいいでしょうか？

たとえば、お店の中が見えないような造りになっていたら、壁をガラスに替えて、中が見えるようにすることです。そうすれば「カジュアルな店だな」とか、「1人で来ている人も結構いるな」とか、自分が入って大丈夫なところかどうかよくわかるでしょう。また、2階にお店があるなら1階の階段の上り口に店内の写真を貼っておくということもできるでしょう。

ほかにも、「書いておく」ということもできます。たとえば、『おひとり様もOK』という表示を、入口に貼っておくなど。

『ベジタリアン向けのメニューがあります』とか、外国人向けに『ハラールあります』とか、『ビットコイン使えます』など、英語での説明も書いておけば、「日本語がわからなくても注文できる」と、外国のお客様に伝えることになります。

最近だと、「テイクアウトメニューがある」ということも、入口に表示しておくべきでしょう。『テイクアウトメニューあります』とか、『お弁当1500円より』などと書いてあれば、テイクアウトを希望するお客様は入りやすくなります。

メニューや値段については、「入口に表示する」という考え方もあります。定番ではありますが、入口にサンプルメニューがあったり、写真が掲げてあるお店は、初見のお客様から選ばれる要素になるでしょう。

ただ、そこまで用意しなくても、『ランチ１５００円』とか『ランチコース５０００円』『ディナーコース1万円より』などと入口に書いてあれば、だいたいどれくらいの予算が必要なお店なのかは想像がつきます。

せっかく美味しくて手頃なメニューを用意しているのに、それがお客様に伝わらなければ、注目されることはないことを理解しなくてはいけません。

(3) 聞きやすくする

先の「メニューがわからない」といった問題は、本当は店員さんがそこにいさえすれば、すぐに聞いてわかることなのです。けれどもそんなふうに、お客様の疑問に答える専属のスタッフを用意できるお店など、なかなか世の中には少ないのが現実でしょう。

これは大企業でも同じで、つながらないコールセンター、わかりにくいメールでの回答のために、お客様を失うことが多くなっているわけです。長年にわたり効率化を意識してきたところほど、お客様の疑問や不満を放置していることが多くなっています。

そんな中で「懇切丁寧に店員さんが説明してくれるお店」は、やはり人気を集めることも理解できるでしょう。

たとえば、あるホームセンターでは、「店員さん呼び出しボタン」が、店のあらゆるところに置かれています。

わからないとき、それを押せば、すぐに店員さんが来てくれます。

かつてホームセンターでは店員さんがあちこちをウロウロしていて、すぐに聞けることが売りになっていました。今は経費削減でそれも少なくなっていますが、ボタンによる出動は、少ないスタッフでもお客様サポートをすることを可能にしたわけです。

ほかに愛媛のスーパー銭湯には、入口の券売機の近くに「初心者マーク」を置いてあるところがあります。

初めて来店したお客様などは、施設のシステムがわからないことも多い。そこで

「初心者マーク」を持って受付に行けば、懇切丁寧に店員さんがアドバイスしてくれるわけです。

(4) 選びやすくする

「これを買うべきだ」と売る側のほうで商品を提示するのは、お客様に強引に押しつけているようで、そのやり方を嫌う人もいるでしょう。

けれども、**お客様は「何を買っていいか」がわからないことも多い**のです。そのうえで「ここの店員さんは、最適なものをすすめてくれる」という信頼があれば、むしろ「決めてくれること」がお客様にとってありがたいサービスになります。

たとえば似合う服をコーディネートしてくれるブランドショップだったり、あるいは「今日のおすすめ」を次々と握ってくれる寿司屋さんなど、「お任せできる」という信頼関係で成り立っているお店は結構あります。

でも、信頼関係がないと、「お客様に代わって選んであげること」はできないのか？　そんなことはありません。

たとえば空港のレストランで、ハヤシライスのところなどに「お急ぎの方へ」というPOP広告が出ているところがあります。

つまり、次のトランジットで時間がない方は、そのメニューを頼めば、すぐに出てくる。「自分で選ぶ手間を省いてあげること」が、ここでもお客様への配慮になっているわけです。

「本日のおすすめ品」とか、「今月のお買い得」と出しておくのも、選びやすくするサービスの1つでしょう。書店などはどこも「本のランキング」を出していますが、全国チェーンでなくても、あるいはニッチな商品を扱っているようなところでも、ランキングをつくることはできます。

販売数がそれほど多くなかったとしても、「これが一番人気の商品なんだ」と知ることは、お客様にとって選ぶ基準になるでしょう。商品を売れ筋順に並べることは、アマゾンがあれだけの通販シェアを獲得できている理由の1つでしょう。

むろん、実際にお客様に「試してもらう」ことができれば、選ぶほうはありがたいことに違いありません。

新潟駅に地元の日本酒を扱うスペースがありますが、ここでは500円で、日本酒5種を利き酒できるサービスを行なっています。選べるお酒が90種類以上あるので簡単に選べるものではありませんから、ラインナップそれぞれに詳しい説明書きがありますし、店員さんに聞けば「おすすめ」を教えてくれます。

同じようなサービスを山梨県の石和（いさわ）温泉駅では、ワインでやっています。これは選びやすくするだけでなく「選ぶ」ことの面白さをエンターテインメントレベルで楽しめるようにしたサービスと言えるかもしれません。

そもそもショッピングは、「購入するまで」が楽しい機会でもあるのです。その過程に「お客様がストレスに感じること」があるとすれば、それを除去していくことが売上のアップにもつながります。

（5）買いやすくする

「買いやすくする」というのは、まさに、お客様にとっての「購買をためらわせるもの」を除去していくことで成り立ちます。典型的なのは、コロナ禍の移動販売でしょう。

皆が感染を恐れて、外に出ていくことや、お店に入ることを恐れるようになった。だったら「こちらから行きますよ」と、お店のメニューをキッチンカーで販売するのが一時期流行り（はやり）ました。つまり、「出かけていく」というお客様のストレスを実現することで、「買いやすくする」を実現したわけです。

そんなふうに改造した車を調達できるお店など、そう多くないではないか。もちろん、そこには設備費をかけるリスクが出てきますが、「移動販売する」というアイデアは活用できます。

たとえば、病院内にあるコンビニでは、入院患者のお客様に対して、ワゴンで移動販売のサービスを行なっています。同じようなサービスは、オフィスビルや大型施設などでもすでに始まっており、ロボットが配達しているところもあります。

さらに「買いにくくする要素」は、お客様と同じ目線に立てば、いくらでも見つかります。よく言われるのは、カフェやファストフード店のメニュー。「商品名が難しくて注文できない」などという声はよく聞きますね。

逆に、たとえばタバコの場合、吸わない店員にはわかりづらい商品名なども、最近のコンビニではレジの上にタバコの陳列棚があり、記入してある番号名で注文できるようになっています。

だからお客様は「アメリカン・スピリットのミントのウルトラ・ライト」なんていう長い商品名を店員さんの前で繰り返すことなく、「何番をください」と言うだけで、タバコを吸わない店員さんからでも素早く購入ができるわけです。

さらに、「混んでいるかどうか」とか「待ち時間がどれくらいあるか」という要素も、お客様が購買をためらう理由になります。

だから某理髪店チェーンは、入口のライトで混み具合がわかるようにする工夫を行なっています。そもそも「10分でカットできる」というのが、この理髪チェーンの売りです。時間のないお客様は、緑色のランプのときは理容師に空きがあることがわかり、待ち時間なくやってもらえます。一方、混んでいるときは赤ランプになっていて、「前のお客様が終わるのを待つ時間がかかります」という状況を知らせているのです。「待ちたくない」という方は、そこで回避できます。

同じような工夫を、マッサージ店なども実行しています。

「わかりにくい商品」に説明を添えるのも、買いやすくするための工夫でしょう。

よく焼肉屋さんに行くと、牛や豚のイラストに、「ここがロースです」とか「ここがミノです」と描かれた図が壁に貼ってあります。そして肉にも部位名を付けた旗が立っていたりするのですが、これで、希少部位や、どの部分の肉なのかを知ることができます。

ほかには、名古屋の某居酒屋では、手羽先の食べ方を説明した紙が各テーブルに置いてあったり、ラーメンを食べたあとのスープにご飯を入れるような「裏メニュー」が紹介されていたりと、説明を1つ加えると、お客様にとっては味わい方の幅が広がります。

説明がないと、お客様が間違って購入したり、誤解をすることもあるでしょう。

たとえば沖縄で「ちゃんぽん」と言ったらご飯メニューなのですが、本土から来たお客様は、当然、間違えるでしょう。ですから、あらかじめの説明が必要になります。

鉄板焼きの鉄板のところに「熱いです お気をつけください」という札を貼っているレストランがありますが、こういう配慮があるかどうかで、「お客様目線」を意識しているかどうかがわかります。

自分たちが扱っている商品やサービスに、**説明しないとお客様が間違ってしまう要素はないか？** 売る側はよく考えてみる必要があるでしょう。

(6) キャンセルしやすくする

通販ショップなどでは、お客様にとって「思っていたものと違った」と感じるリスクが、常に購買をストップさせる要因になります。

とくに商品が高価であればあるほど、リスクは大きくなります。とくに近年は悪質な業者が多くなっていますから、通販業者は信頼が担保される大手企業に集約されてきているわけです。

そんな時代に通販でモノを売るには、**お客様の「思っていたものと違う」をカバーする配慮が必要**でしょう。

たとえば、アマゾン傘下に入ったアメリカの「ザッポス」などは、「返品無料」で靴を販売するサービスを行なっています。無論、返品されることはお店にとってリスクですが、あえて踏み切ったからこそ、お客様の安心につながりました。

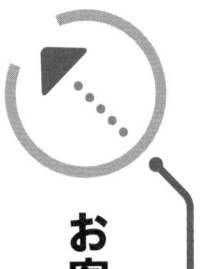

お客様の期待には「〇〇できる」で考える

お客様の期待に応えるには、「〝〜できる〟という視点で考える」と説明しました。お客様が「できる」と考えることに対し、お店が「できない」と言うから不満が起こる。逆に、お客様が「できない」と思っていたことが、「できる」のであれば、そのサービスはうまくいく可能性が高くなります。

たとえば「博多ラーメン」の話があります。豚骨ラーメンでお馴染みの博多ラーメンですが、高菜と一緒に食べるのが通常です。だから多くの博多ラーメンのお店では、テーブルには高菜が入ったケースが置いてあり、無料で好きなだけ高菜が食べられるようになっています。

ところが、費用対効果がよくない、ということなのでしょう。そんなふうに〝高菜食べ放題〟になっていないお店、というのも存在します。

するとと博多ラーメン好きのお客様からしてみれば、「普通ならできることができないお店」という解釈になります。

これは「期待していたことが叶わない」ということですから、「できることなら行きたくない」といった不満につながってしまうわけです。

ラーメンが美味しかったとしても、「期待が叶わないお店」という失望感は、ラーメンの美味しさを上回ってしまうことがあります。

逆に、「できない」ことが「できる」になれば、お客様はまるでサプライズのサービスを受けた気持ちになるわけです。

ザッポスが成功したのも、それが理由です。通販ショップで購入してから数日かかって自宅に配送された丁寧な梱包を解き、紐を通したりして自分の足に履いた靴なのです。それをもう一度、お店に送り返して、「返金してくれ」とか「ひとまわり上のサイズを送ってくれ」と言うことが、普通は「できる」と考えません。それを「できる」にしたから、お客様の感動が大きくなったわけです。

ほかにも、ホームセンターのＤＩＹコーナーでは木材を組み立ててテーブルなどをつくれるセットが売っています。「こんなのつくれるのかな」と心配はありますが、のこぎりや金槌など、その場で工具もレンタルしてくれるのです。「そこまでサービスしてくれるなら、挑戦してみようかな」という気持ちも起こりますね。

「アンケート↓ToDoリスト↓実行」のパターンをつくる

本章では、「お客様目線」になって、「～しやすくする(要望)」とか、「～できるようにする(期待)」というアイデアをどのように実行するかを述べてきました。問題は、そうしたアイデアを、どのようにして見出していくかだと思います。

そこで第4章までを振り返り、お客様にアンケートをとった段階で考えてみましょう。通常、アンケートの回答は複数枚あると思いますが、今回は、わかりやすく1枚のアンケート回答の例で説明します。

ビジネスホテルで、次のようなアンケート回答が返ってきたとしましょう。

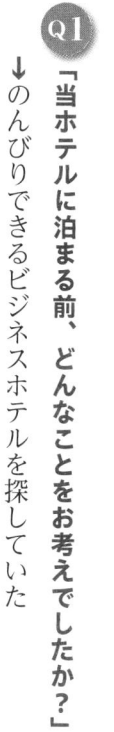

Q1 「当ホテルに泊まる前、どんなことをお考えでしたか?」

↓のんびりできるビジネスホテルを探していた

Q2 「当ホテルを何で知りましたか？」

↓「○○市　ビジネスホテル」で検索した

Q3 「当ホテルを知って、すぐに予約しましたか？　すぐに予約しなかったとしたら、何が不安でしたか？」

↓部屋は広いとあったがm^2数しか書いてなかったので、別のホテルの同じm^2の部屋をいろいろ調べた

Q4 「何が決め手となって、当ホテルに決めましたか？」

↓近隣でここだけ大浴場があったから

Q5 「実際に泊まってみていかがでしたか？」

↓部屋は思ったより広くてよかった。大浴場もよかったが、入口のところで滑って転びかけたので、手すりを付けたほうがよいと思う

このアンケート回答から「やるべきこと」を考え、ToDoリストに入れていきます。ToDoリストには「記入日」「アンケート内容」「やること」「重要度（A・B・C）」「実行期限」などを記入しておき、「処理済み（○）・処理中（△）・改善で

きない（×）」などの状況と、改善できない場合は「（できていない）理由」などを入れていきます。

ToDo リスト

記入日	アンケート回答	やること	重要度	実行期限	処理
●/●	のんびりできるビジネスホテルを探していた	ホームページのタイトルを「のんびりできるビジネスホテルを探している方へ」に変更	B	●/●	○ 完了
●/●	「○○市　ビジネスホテル」で検索した	「○○市　ビジネスホテル」で検索されたときに上位表示されるようSEO対策やPPC広告を行なう	A	●/●	△ PPC広告設定は完了したがSEO対策はまだ効果なし
●/●	m^2数しか書いてなかったので、別のホテルの同じm^2の部屋をいろいろ調べた	部屋の写真をホームページに多く載せる	A	●/●	○ 完了
●/●	近隣でここだけ大浴場があったから	大浴場をホームページでアピールする	A	●/●	○ 完了
●/●	大浴場もよかったが入口のところで滑って転びかけたので手すりを付けたほうがよいと思う	大浴場に手すりを付ける	A	●/●	× 業者に工事発注済み ●/●に工事予定

このように各自、またはグループで一覧表にして、毎月の「お客様目線会議」に持ち寄って進捗（しんちょく）状況を確認します。

また、元となるアンケート回答も持ち寄って、ほかの人にも見てもらいましょう。自分では気づかない「やるべきこと」や、対策が見つかることがあります。

すべての確認が終われば、次のようなコンセプトで広告をつくります。

> 【「○○市　ビジネスホテル」で検索されたときに表示されるようＳＥＯ（検索エンジン最適化）対策や、ＰＰＣ（Pay Per Click）広告】
>
> のんびりできるビジネスホテルを探していませんか？
> のんびりできるビジネスホテルを探している方が
> 当ホテルを利用して「部屋は思ったより広くてよかった」と言っています。
> 当ホテルは、近隣ではここだけ！　大浴場があるところがオススメです。
> とはいっても、どれぐらい部屋が広いか不安ですよね。
> そこでホームページに、部屋の写真をたくさん載せておきました。
> ぜひご検討ください。

お客様の意見を「マインドマップ図」にする

今回はわかりやすく1枚のアンケート回答で説明しましたが、回答が複数枚になった場合には「マインドマップ」などのソフトを使用して、Q1～Q5それぞれをグルーピングします（170～171ページ参照）。すると、**どの内容をアピールするかが自然と決まってきます**。

たとえば先ほどのQ４では大浴場が予約の決め手になっていたので、「大浴場をアピールしたほうがよい」と書きましたが、お客様複数人に聞いたら、部屋の大きさが予約の決め手となっていたとします。その場合は、「部屋の大きさ」が一番のアピールポイントになります。

このように、お客様のフィードバックに従い、対策を実施することで、自然と、「お客様目線」の、よい企業やお店に成長していくことができます。

実際に、この方法を導入したあるビジネスホテルでは、新たな広告をせずとも、リピート客や紹介が急増しました。その結果、半年間で前年比1・4倍の売上を達成し、1500万円以上増加したのです。

お客様からのアンケート回答には、「二度目の利用ですが、口コミサイトで指摘された点が改善されていて、進化の速さが感じられます」といったコメントが寄せられていました。

努力を続けることで、お客様は気づいてくれるのです。お客様の満足度を向上させるために、企業やお店は常に努力し続けることが大切です。

お客様の声を真摯（しんし）に受け止め、対策に取り組むことで、リピート客や紹介が増え、売上向上につながります。最終的に、お客様に支持される、信頼される企業やお店となることができるでしょう。

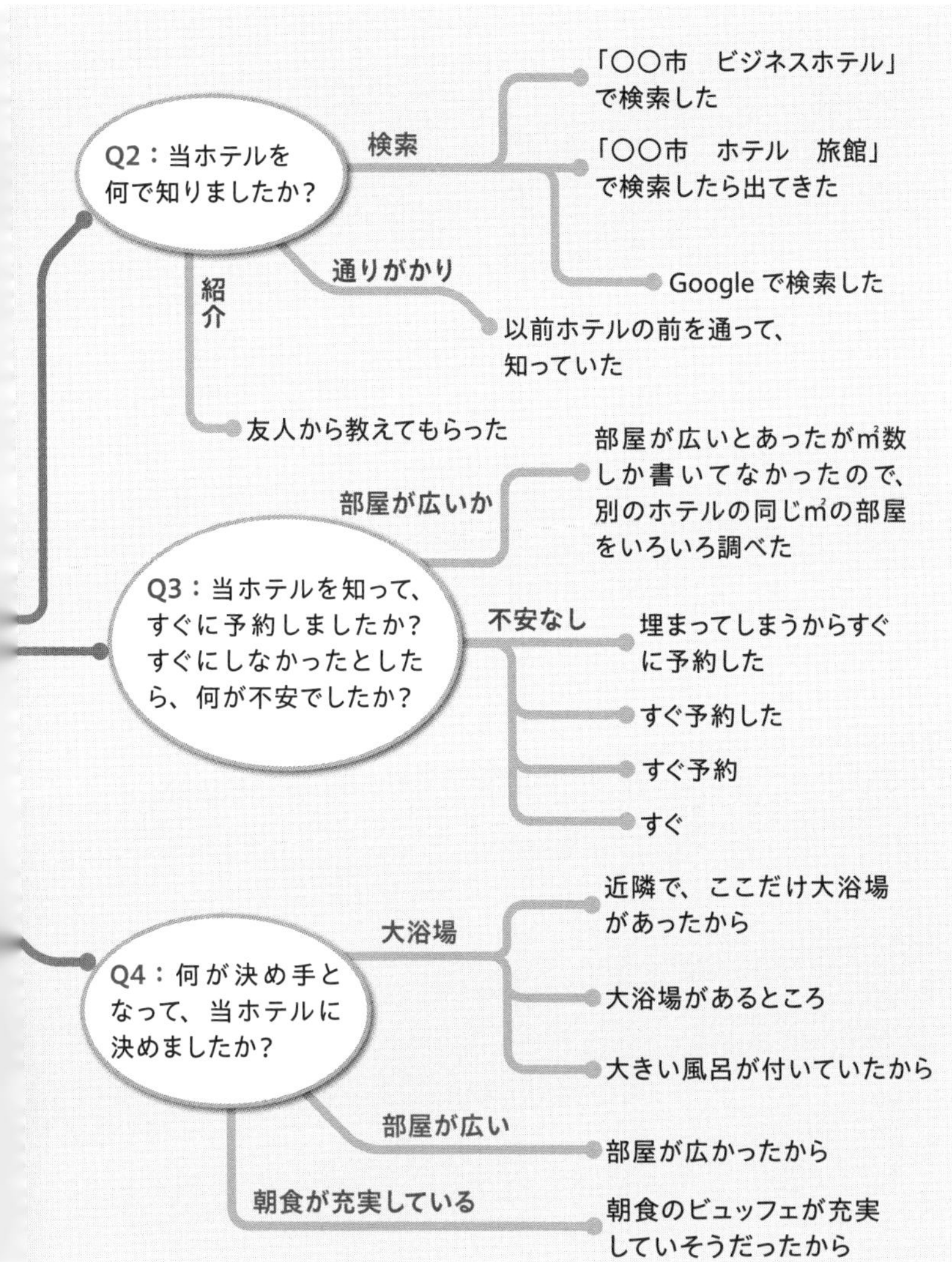
Q2：当ホテルを何で知りましたか？
検索
「〇〇市　ビジネスホテル」で検索した
「〇〇市　ホテル　旅館」で検索したら出てきた
Googleで検索した
通りがかり
以前ホテルの前を通って、知っていた
紹介
友人から教えてもらった
Q3：当ホテルを知って、すぐに予約しましたか？すぐにしなかったとしたら、何が不安でしたか？
部屋が広いか
部屋が広いとあったが㎡数しか書いてなかったので、別のホテルの同じ㎡の部屋をいろいろ調べた
不安なし
埋まってしまうからすぐに予約した
すぐ予約した
すぐ予約
すぐ
Q4：何が決め手となって、当ホテルに決めましたか？
大浴場
近隣で、ここだけ大浴場があったから
大浴場があるところ
大きい風呂が付いていたから
部屋が広い
部屋が広かったから
朝食が充実している
朝食のビュッフェが充実していそうだったから

マインドマップ図例

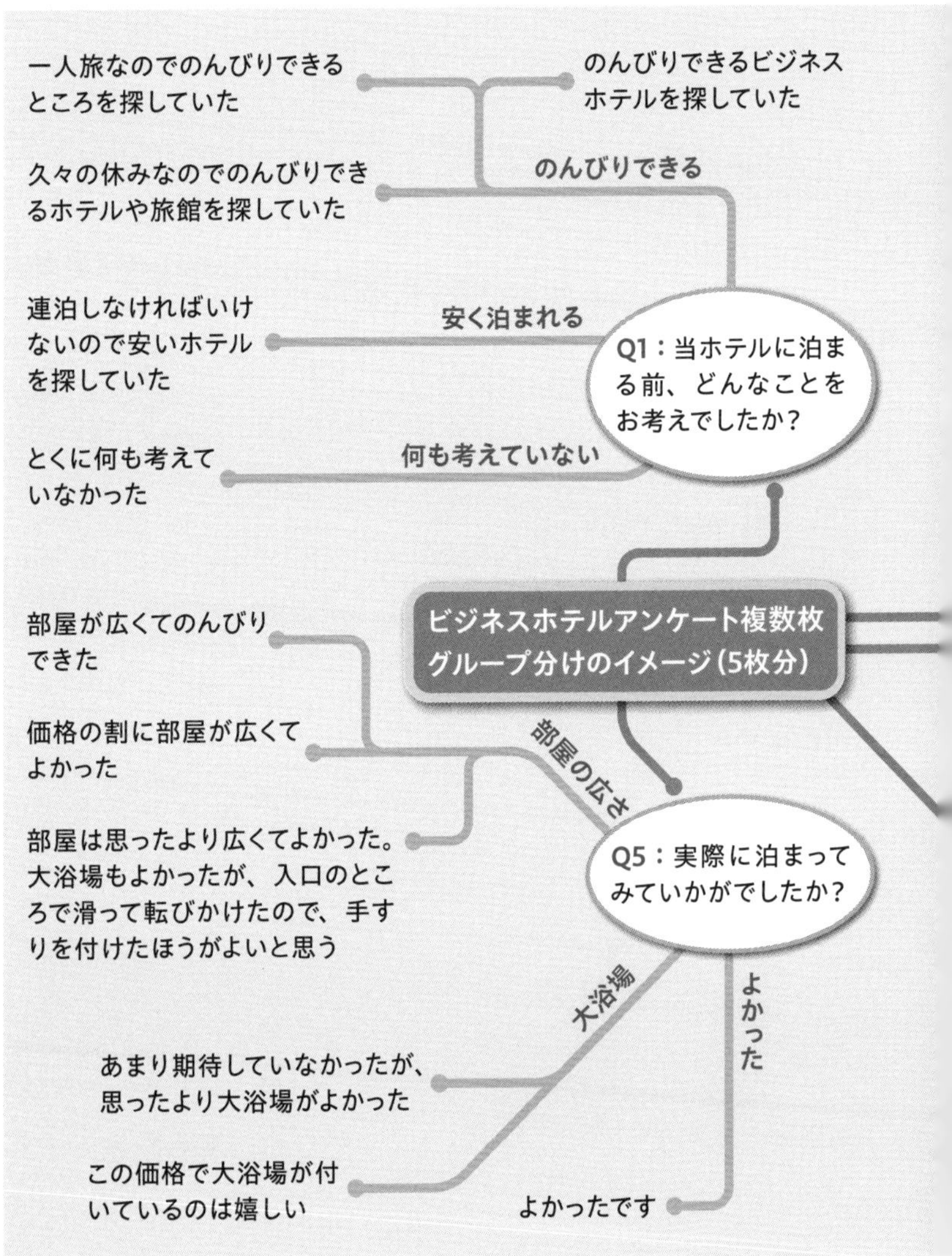
ビジネスホテルアンケート複数枚
グループ分けのイメージ（5枚分）
Q1：当ホテルに泊まる前、どんなことをお考えでしたか？
のんびりできる
一人旅なのでのんびりできるところを探していた
のんびりできるビジネスホテルを探していた
久々の休みなのでのんびりできるホテルや旅館を探していた
安く泊まれる
連泊しなければいけないので安いホテルを探していた
何も考えていない
とくに何も考えていなかった
Q5：実際に泊まってみていかがでしたか？
部屋の広さ
部屋が広くてのんびりできた
価格の割に部屋が広くてよかった
部屋は思ったより広くてよかった。大浴場もよかったが、入口のところで滑って転びかけたので、手すりを付けたほうがよいと思う
大浴場
あまり期待していなかったが、思ったより大浴場がよかった
この価格で大浴場が付いているのは嬉しい
よかった
よかったです

第6章

「お客様目線」を習慣化する

「お客様目線のアイデア」がどんどん生まれる組織をつくるには？

新人がチラシを作成し、いきなり100万円以上の契約をとってしまった、という話があります。それは沖縄県にある公共事業をメインに行なっている鋪装会社さんのケースですが、この会社の特徴は、アスファルトを敷く特殊技術を持っていることでした。

そこで、この会社に入った新人さんが考えたのは、民間の整備されていない駐車場の土地にアスファルトを敷くことです。もちろんアスファルトがなくても駐車場として使用することはできますが、鋪装をすれば車も人も汚れないので喜ばれます。ほとんど公共事業しかやってこなかった会社ですが、民間のそういうところにDMを出せば、大きな利益を確保できるのではないか？

この新人社員は、アスファルト鋪装する駐車場の「実施前」「実施後」を写した画像を入れた簡単なチラシを自作し、それを200件配布しました。結果、110万円の売上を上げることに成功したわけです。

でも、いったいどうして、この新人さんはこんな成果をあげられたのでしょうか？

それは、他の従業員は自社の舗装技術のすごさが当たり前になっていたのですが、新人さんだったので自社の技術のすごさに気づけたのです。

これも、たまたま「公共事業に頼っているのでは、将来的に不安だ」ということで販促アンケートの専門家を入れてチラシづくりの研修を実施したからでした。それで新人の社員も、「お客様を喜ばせるためにどんな手段があるだろうか」と意識するようになったのです。

つまり、本書で述べてきたような考え方を組織に浸透させれば、いつでもどこでも、ちょっとしたきっかけがあれば、会社を変えるようなアイデアが生まれるような下地をつくることができるのです。

ただでさえ世の中が不安定で、お客様が消費離れを起こしている現代です。そんな中で「お客様目線」を社員全員が持っているなら、これほど強力なことはないと思いませんか？

「お客様目線」を会社の仕組みに取り込むことは、どんな営業組織でも必ずできます。いったいどんなことをすればいいでしょうか？

いかにして社員に「お客様目線」を意識してもらうか

「お客様目線」になるために重要なのは、「お客様の声に耳を傾けることの重要性」を組織やチームの全員が理解していることでしょう。

「お客様に最低限聞くべき5つの質問」は、すでに説明しています。

Q1 購入前の背景（悩み、欲求）

「この商品を購入する前に、どんなことを思っていましたか？」

Q2 知った方法（媒体）

「何で、この商品を知りましたか？」

Q3 購入時の不安

「（商品名）を知って、すぐに購入しましたか？　すぐに購入しなかったとしたら、どんなことが不安でしたか？」

Q4 購入の決め手

「いろいろな商品がある中で、何が決め手となってこの商品を購入しましたか？」

Q5 使用後の感想

「この商品を実際に使ってみていかがでしたか？」

アンケートを実施することは、もちろん、これらの回答から価値ある情報を集めるために有効な手段です。

しかし、これらの「お客様から集めたい情報」を営業担当者が頭に入れておけば、

「ああ、お客様はこのメディアに出た広告を見てきたんだな」とか、「そうか、お客様は買ったあとで、こうなることを心配していたんだな」と、すぐに気づくことができます。

そうした日々のヒントを集約していけば、アンケート回答に相当するデータを集めていくことは可能になるわけです。

ただ、問題は、いくらお客様がヒントになる情報を提示していたとしても、聞く側に意識がなければ、完全にスルーしてしまうことでしょう。

脳というのは、「こういうものが欲しい」という強い願望があれば、無意識にでもそれにかかわる情報を拾っていきます。たとえば「ハワイ旅行に行きたいな」と強く思っている人は、街を歩いていても、テレビを見ていても、新聞を読んでいても、なぜかハワイの情報ばかりが頭に入ってきます。

「世の中、ハワイブームなんだ！」と思いきや、そんなことはありません。自分がハワイのことを気にしているから、その情報ばかりに目がいっているのです。同じだけの情報量があっても、以前は興味がないからスルーしていただけです。

同じように、社員がすぐにお客様からのヒントを感知できるようにするには、繰り返し、繰り返し、「5つの質問」を頭に入れるようにすることが大切になってきます。

それこそリーダーは、部下たちに耳が痛いほどに言い、壁に質問事項を貼ってみたり、メモした紙を手帳に貼らせたりして、徹底的に意識させてほしいと、私は思います。まさに大切なのは、普段からの習慣として、お客様の声を感知する体制をつくっていくことなのです。

「お客様目線」で徹底的に話し合う

お客様の目線を意識するには、頭にそれを刷り込むこと、つまり、インプット（入力）だけでなく、アウトプット（出力）も必要です。このアウトプットとは、一般的に、「話す」か「書く」かのどちらかでしょう。

「話す」ということに関して手っ取り早いのは、部やチーム、あるいは小さな会社ならそれこそ全員で「話し合う」ということでしょう。

私たちがかかわっている会社にも、そんなふうに「お客様目線会議」のようなことをやっているところがたくさんあります。

これは難しいことではありません。先に述べた「5つの質問」のようなこと、あるいは第5章で紹介した「お客様の要望」や「お客様の期待」に関して、思いついたことを皆で話し合うだけ。

ブレインストーミングのようなやり方で、相手の述べたことを否定したりせずに、頭の中でまとまっていないことでも**自由に気づいたことを発表し合い、それに対して思いついたことを意見していく**ことが重要でしょう。

そんなやりとりの中から、「それ、面白いからやってみよう」というアイデアが1つでも出たら、ラッキーと考えればいいのです。

成功した例として、女性だけでこうしたアイデア出しの会議を行ない、前年比3倍増の売上を出した会社があります。

その会社はリフォームを行なう工務店だったのですが、社長だった夫が亡くなり、奥さんが後を継いだところでした。売上も低迷していて、このままでは会社が倒産してしまう。そこで奥さん主導で思い切った方針転換を図ろうと、女性社員ばかりを集めて、アイデア出しを行なったのです。

もともとリフォームに関しては、キッチンにしろ、居間にしろ、普段多く使用するのは主婦の方々なのです。なのに多くのリフォーム会社は、女性社員のアイデアをあまり受け入れていません。そこでこの会社は、女性社員のみの事業改革チームをつくり、従来のやり方を変えていきました。

それが何より反映されたのは広告で、主婦が一目見て、「これ、いいな」と思えるような写真満載の広告をつくり、女性を意識したキャッチも使用します。結果、〝女性に特化したリフォーム会社〟のようにお客様から認知され、会社を一新させることに成功したのです。

「お客様の立場で考えたこと」を文章化していく

チームや組織内でブレインストーミングのようなことをするのは、業務改善したり、アイデアを事業化したりするのに有効です。というのも、ちゃんとリーダーも重要性を理解し、会社業務として「お客様目線」で考えようとしているからです。

そうでなくても、あなたがチームリーダーとして、ある程度仕事上の権限があるならば、「これからお客様について、こんなことを考えよう」と言えば、部下たちはすぐに集まってくるでしょう。

問題は、あなたがそこまでの権限もなく、まだ会社にもチームにも、「お客様目線」の大切さが共有されていない場合です。そうである限り、「会議をしよう」と言ったって、メンバーがいないわけです。

その場合は業績を出しながら、皆を啓蒙(けいもう)していくことから始めざるを得ないのですが、それが「話す」という方法の限界になります。

一方で「書く」ということならば、自分1人でも始めていくことができます。最も簡単なのは「メモ」とか「ノート」です。気づいたことを毎日のようにコツコツ書き溜めて、何度も見返していけば、アイデアはどんどん出てくるようになります。

機会があれば、あなたはそれを、上司に提案したり、簡単にできることなら実行して、個人の成績を出していけばいいのです。結果が出れば出るほど意見は通りやすくなり、共感する人もどんどん集まってくるでしょう。

しかし、「書く」効果をチームの「お客様目線」に活用したいのであれば、最も効果的な方法はブログやSNSでしょう。

ある会社の例ですが、そこでは営業担当者から職人までが毎日ブログをアップしてから帰ることを日課にしています。

その内容は、たとえば、「今日、ご契約いただいた方からこんな決め手を教えていただきました」とか、「このような嬉しいご感想をいただいたので、さらにご満足いただけるように頑張っていきたいと思います」などなど。社員が10人いれば毎日10ページずつ、こうした情報の記述が増えていくのです。これが1年もすれば、他社と圧倒的に差がつくと思えませんか？

ブログやSNSのいいところは、なんといっても、それをチーム内でシェアできることでしょう。協力し合うことで、「お客様目線」の精度を高めていくことができるわけです。

もちろん、チームでそうした動きが起こらないなら、有志で始めたっていいでしょう。同僚に共感する人がいないなら、外部の勉強会で会った人と始める手段もあります。

とにかく自分1人でもいいから、**「お客様目線」で考えたことを使える情報として残す**ことから始めてみてください。

会社の仕組みにアンケートを取り込む

お客様の情報を集積していくために、なんといっても一番効果的なのは、アンケートを取り入れることです。

アンケートをとることを日常の業務として実施し、月に1回、あるいは3ヶ月～半年に1回くらいの周期で、これを集計。そして、**情報をわかりやすい形で社員全員に公開していく**ことを会社の仕組みとして回していくことが必要でしょう。

そのために推奨したいのは、販促アンケートの専門家にサポートしてもらうことです。

外部にサポートをしてもらうすることをすすめる理由は、やはり通常業務の中でアンケートは「重要な仕事」とは考えられていないことが多いからです。

だから、日常業務のどこかを削ってわざわざアンケートを実施するような措置はとりにくい。内部でやろうとすると、どうしても「時間があったらアンケートをとりましょう」といった妥協案になってしまうことが多いのです。

もう1つ、アンケート項目も、会社の内部でつくると、どうしても「自分たちが聞きたいこと」に終始してしまう傾向があります。

たとえば、よくあるのが「満足度」を聞くような質問です。ホテルなどで、1～5までランク分けして満足度を聞く。それで、高い評価が少ないと、従業員のサービスを改善するように促すわけです。

でも、ホテルを選ぶお客様は、最初から価格に合わせて、ある程度の期待値を持っています。それこそ、シティホテルに泊まるお客様なのか、ビジネスホテルに泊まるお客様なのかで、求める満足度は変わってくるのです。

その中で各ホテルがそれ相応のサービスをしている限り、よっぽどでなければ低ランク評価ばかりになるようなことは起こりません。それでも低評価になった場合は、「何があったんだ」と担当者に確認し、「もっとお客様に真剣に接しなさい」といった精神論になりがちなわけです。

たとえば公的機関などでセミナーをすると、受講者の方々にアンケートをとります。その際、「講師のしゃべり方はどうでしたか?」という質問に対し、「早い・普通・遅い」のどれかを選んだり、内容は「よい、普通、悪い」のどれかを選ぶといった質問が主体になります。

それで「セミナーがどれくらい受講者の役に立ったかわかるのか?」といえば、わからないでしょう。それでも、公的機関がこのアンケートをするのは「再び同じ講師を呼ぶか・否か」を決めるためであり、集まった人々の反応が数値でわかれば判断できるので、それで十分であるわけです。

会社のお客様に、この感覚でアンケートをしても、改善策は何も生まれません。すでに述べましたが、お客様の不満からは、売上を向上させるようなアイデアを生み出しにくい。それよりも、「自分たちの商品を購入してくれるお客様がどんな人なのか」を理解することが、販促には最も重要なことなのです。

むろんアンケートの専門家が、必ずそういったアンケートをつくってくれる人たちばかり、というわけではありません。ですから、販促アンケートの専門家に依頼することが大切になります。

会社の中に「販促アンケート課」をつくる

「お客様目線」ということに関して、会社で実行するために一番いいのは、**社長直属のチームをつくる**ことです。名前は「販促アンケート課」とし、その部署はどこの組織にも属さず、社長の下で統括されるような形がいいでしょう。

というのも、「お客様の要望に沿う」とか「お客様の期待に応える」ということは、会社の業績を上げるために最重要の問題ではあっても、緊急性がないのです。よって、お客様と商談をしたり、クレーム対応のような日々の業務を行なっているところで並行してやろうとすれば、いつも後回しにされてしまいます。

だから、急ぎの仕事からは独立して、自由に動けるチームが必要なわけです。

この「販促アンケート課」の業務は、基本的に、アンケートをとったり、ヒアリングをしたりして、お客様の声を聞くことから対策を分析をすることです。

各部署がバラバラにお客様の声を拾おうとすれば、部署ごとにやり方が異なったり、きちんとアンケートをとる人と、とらない人でバラつきが出たりします。これを一部署で統括できるなら、偏りのない情報を集めることができるわけです。各部署の営業担当者にやってもらうとしても、お客様への聞き方を監督・指導することができるでしょう。

そうしてアンケートやヒアリングを行なったあとで、お客様の声をリストアップした資料に加え、前章で紹介したような「ToDoリスト」を作成するのが理想です。

ToDoリストに入れるべき項目……「記入日」「アンケート内容」「やること」「重要度(A・B・C)」「実行期」

あとで追記していくべきもの……「処理済み(○)・処理中(△)・改善できない(×)」などの状況、改善できない場合は「(できていない)理由」

「販促アンケート課」はその進行状況を確認し、月に1回くらいの会議で報告する仕組みをつくる。そしてサイクルで回していけば、否が応でも会社は、お客様にとって望ましい姿に改善されていきます。結果、売上も上がっていくことになるでしょう。

実際、こうしたトップ直属のチームをつくり、販促アンケートの専門家と一緒に改善することで、V字回復した会社やお店の例は数多くあります。

とくにAI化が進む時代、企業の業務はどんどんシステム化され、個々のお客様の声はなおさら無視される世の中になっていくでしょう。その中で成功していくのは、AIには聞き取れない、隠れたお客様の声を真剣に聞こうとする企業でしょう。

どうやって会社のトップを「お客様目線」に巻き込んでいくか

コンサルタントとして仕事をするとよくわかるのですが、会社が大きな改革を実現できるのは、その会社の経営者さんが「変わろう」としている場合です。

逆に言うと、経営者が何も変わらない限り、すごいノウハウを導入したところで、変化には限界があります。よく、部下を並べて「彼らを教育してやってくれ」なんて偉そうにしている経営者もいますが、そういう会社は優秀なコンサルタントが入ったところで、大きな変化は起こりにくいわけです。

つまり、「お客様目線」ということに対しても、経営者がそういう目線を持った組織にしたいと考えていない限り、なかなか会社の中で定着しません。経営者に意識を変えてもらうことで初めて、本書で紹介してきたノウハウは、会社に定着するものになるわけです。

もし、本書を読んでいるあなたが経営者であるなら、非常に簡単です。あなたが「お客様目線の組織になろう」と組織全体を動かしていけばいい。社長主導のプロジェクトを組めば、あらゆることができるようになります。

では、あなたが、リーダーではなく、一社員にすぎない場合はどうするかといえば、やはりいずれは会社を変えていくため、経営者を動かしていかなければなりません。

社長を説得できるような地位にある人ならいい。そうではない場合は、**自ら結果を出していくことで、会社から認められる存在にならなければいけない**わけです。

もし営業を束ねるリーダーであれば、自分が統括しているチーム内には、「お客様目線」を浸透させることができます。それが部なのか、それとも少数のチームなのかはわかりませんが、革新的な仕事をする組織として会社に新しい旋風を起こすことができれば、必然的に会社は「あのチームに倣(なら)え」ということになってきます。

あなたがチームリーダーでなく、一個人にすぎない場合でも、やることは同じ。さらに手間がかかる話にはなりますが、結果を出すことでチームに認められ、そのチームを変えていくことで、会社にも認められる存在になります。結局は売上を出していくことで、会社はあなたに従わざるを得なくなるわけです。

ただ、言えるのは、「お客様目線の仕事」に異を唱える経営者はほとんどいない、ということです。

「社員の待遇をよくしよう」と言っても、なかなか動いてくれない経営者は多い。それは社員の待遇をよくすることは、「経費」にはなっても「売上」に直結しにくいからです。お金が出ていく選択をすることは、会社を維持する立場からは、どうしても険しい道になってしまいます。

しかし「お客様目線の仕事に変えよう」と主張することは、間違いなく会社に利益をもたらすお客様を喜ばせることであり、そのためには労力や投資を惜しまない経営者も多いのです。それは売上に直結することなのですから、当然でしょう。

ですから営業担当者はどんどん、生身の声をお客様から集め、それを経営陣に伝えていくべきなのです。

「お客様目線」が確立されれば、もちろん顧客満足度は上がりますし、新契約も増える。口コミは増え、リピーターも増え、ネットでのアクセスや問い合わせも増え、さまざまなサイトにおける評価も高まり、一方でクレームも減っていくのです。

当然ながら売上も増え、利益も上がり、無駄な経費も減り、社員は辞めにくくなって、よい人材が集まりやすくなります。個人の給料もどんどん上げられるようになるでしょう。

まさに「いいことずくめ」なのですから、「お客様目線」を可能な限り、会社の仕組みに取り込むようにしていきましょう。

すべては、**あなたが今、自分の仕事を変えていくことから始まる**のです。

おわりに

これまで私が書いてきたビジネス書では、業績を向上させるために、お客様に対してメッセージを「どう伝えるか」という点に重点を置いてきました。

ところがＡＩ（人工知能）の進化により、ビジネスのあり方は、大きく変わりつつあります。

たとえばコピーライティングの分野では、ＡＩを使うことで瞬時に最適なキャッチコピーや文章を生成することができます。

しかしＡＩが提供するものは、あくまで既存のデータに基づいたものであり、新しく斬新なコピーを生み出すわけではありません。ＡＩは確かに優れた解決策を提示してくれますが、人間の直感や感性、独創性を持っているわけではないのです。

ですから今後、私たちが重視すべきポイントは「どう伝えるか」から、「何を伝えるか」という点に、よりシフトしていきます。

そのために重要なことこそ、**お客様の声を直接聞く**ことに他ならないのです。

この本を通じ、これからの時代において、どのように「お客様目線」で考え、ビジネスに取り組むべきかを理解していただけたと思います。まさにそれは、「**お客さまに対して何を伝えるか**」というビジネスの根本を変革する方法です。

今の時代、技術や市場は日々進化し続けており、私たちはその変化に適応し、常に新しいビジネスチャンスを見つけることが求められます。しかし、お客様に聞くスキルを磨き続ければ、競争力を保ち、成長を続けることができるのです。

この本が、あなたが目指すビジネスの成功に向けて、一助となることを心から願っています。

販促コンサルタント　岡本達彦

岡本達彦（おかもと・たつひこ）
販促コンサルタント

広告制作会社時代に100億円を超える販促展開を見てきて培った成功体験をベースに、難しいマーケティングや心理学を勉強しなくてもアンケートから売れる広告をつくる広告作成手法を日本で初めて体系化する。お金をかけず簡単にできて即効性があることから、全国の公的機関や上場企業からセミナー依頼が急増。お客様目線の組織にするため、社内に仕組みとして取り入れたいという企業からのコンサルティングが後を絶たない。「アマゾン上陸15年、売れたビジネス書50冊」にランクインし、販促書籍のヒット作となった『「Ａ４」1枚アンケートで利益を５倍にする方法―チラシ・DM・ホームページがスゴ腕営業マンに変わる！』（ダイヤモンド社）などを著書に持つ。

お客様目線のつくりかた
顧客視点は仕組みで生みだせる

2023年8月11日　　初版第一刷発行

著者　岡本達彦
編集人　井上佳国
ネクスト・カルチャー・メディア編集部
https://nextculturemedia.net
発行人　佐藤俊和
発行／発売　株式会社悟空出版
〒160-0022 東京都新宿区新宿2-5-10
電話 03-5369-4063
FAX 03-5369-4065
https://www.goku-books.jp
問合せ　goku@goku-books.jp
企画協力　ランカクリエイティブパートナーズ株式会社
装丁　小口翔平＋嵩あかり（tobufune）
表紙イラスト　ナカニシ ヒカル
本文デザイン　宇那木デザイン室　宇那木孝俊
編集／DTP　小松事務所　小松幸枝
校正　合同会社コトノハ　櫻井健司
印刷／製本　中央精版印刷株式会社

ISBN 978-4-908117-84-8　C0034